AF495129

L'OPINION PUBLIQUE EN FRANCE ET LA SOCIÉTÉ DES NATIONS

PAR

A. AULARD

On ne peut comprendre quel est actuellement l'état de l'opinion publique en France, par rapport à la Société des nations, que si on remonte dans le passé au moins jusqu à la Révolution de 1789 et au mouvement d'idées d'ou elle est sortie. Je vais donc d'abord parler brièvement, de l'opinion française dans le passé et ensuite, avec le plus de précision possible, de l'opinion française dans le présent, c'est à-dire depuis la fin de la dernière guerre.

I. L'OPINION FRANCAISE DANS LE PASSÉ.

En France, l'idée de la Société des nations fait partie d'une tradition, non seulement chrétienne, mais gréco-romaine.

La France avait eu conscience d'être un membre de cette *civitas christiana*, de cette république chrétienne, où le monde chrétien était censé ne former qu'une seule famille, une cité réglée par les conciles, présidée par le pape, gouvernée par l'empereur et par les rois, avec une langue officielle commune, le latin. La "Republique chrétienne" est encore invoquée en 1525, dans le traité de Madrid, entre François 1er et Charles-Quint. Cette unité de la République chrétienne commença à s'affaiblir quand les langues indigènes commencèrent à supplanter le latin. C'est alors que se formèrent des nations, des patries, reposant sur d'autres fondements que la religion, par un commencement de sécularisation. La cité chrétienne fut rompue par la Réforme, et les traités de Westphalie, en 1648, consacrèrent cette rupture en accordant le droit d'exister à des États non catholiques, en admettant des États protestants.

En France, depuis la Renaissance, l'idée se répand d'une cité humaine plus large que la cité chrétienne, l'idée d'une cité humaine telle que l'avaient conçue ou entrevue les penseurs grecs et les penseurs romains. Les Français du XVIème siècle, en retrouvant et en étudiant les livres des anciens, virent que les stoïciens avaient rêvé une république universelle, où toutes les nations se seraient fondues en une seule société. Ils admirèrent Cicéron professant l'amour du genre humain, ce qu'il appelait *caritas generis humani*. Le plus grand des écrivains français de cette époque, Montaigne, écrivit dans ses *Essais:* "Non parce que Socrates l'a dit, mais parce qu'en vérité c'est mon humeur, et à l'aventure non sans quelque tort, j'estime tous les hommes mes compatriotes et embrasse un Polonois comme un François, postposant cette lyaison nationale à l'universelle et commune."

L'idée d'un patriotisme qui embrasserait, non seulement la chrétienté, mais l'humanité, se retrouve, même au XVIIème siècle, dans les écrivains chrétiens. Ainsi Bossuet dit, dans la *Politique tirée de l'Ecriture sainte:* "Le partage des biens entre les hommes, et la division des hommes mêmes en peuples et nations, ne doit point altérer la Société générale de genre humain". Dans le dialogue: *Socrate et Alcibiade,* Fénelon fait dire à Socrate: "Chacun doit infiniment plus au genre humain, qui est la grande patrie, qu'à la patrie particulière dans laquelle il est né."

Les deux plus célèbres projets français d'organisation d'une Société des nations, après que la Réforme eut disloqué la cité chrétienne, sont celui qu'on a prêté à Henri IV et celui de l'abbé de Saint-Pierre.

C'est Sully, dans ses *Economies royales,* qui donna un plan, censément élaboré avec Henri IV: Turcs refoulés en Asie, Europe partagée en six monarchies héréditaires, cinq monarchies électives et cinq républiques, le tout gouverné par une sorte de Conseil amphictyonique, gardien de la paix perpétuelle et arbitre entre les gouvernements.

S'il est plus que douteux qu'Henri IV ait adopté un tel plan, ce qui n'est pas douteux, c'est la célébrité de ce plan, qui, sous le nom de "grand dessein" d'Henri IV hanta beaucoup d'esprits au XVIIIe siècle: c'est sans doute la première ébauche formulée en France pour une Société des nations succédant à l'ancienne république chrétienne.

Le projet de paix perpétuelle par l'abbé de Saint-Pierre (1717) reposait sur cinq articles "fondamentaux", qu'on peut résumer ainsi: 1°) alliance entre les puissances européennes sur la base du *statu quo territorial*, pour se garantir des guerres étrangères et des guerres civiles; 2°) chaque allié contribuera aux frais communs en proportion de son revenu; 3°) chacun d'eux s'engagera à ne jamais recourir aux armes et à recourir toujours à la conciliation; 4°) l'alliance contraindra celui des alliés qui enfreindrait le pacte; 5°) ces cinq articles seront intangibles, c'est à dire qu'on n'y pourra rien changer sans le consentement unanime de tous les alliés. Comme ce projet perpétuait les divisions territoriales de l'Europe, telles que le traité d'Utrecht les avaient établies, il était chimérique, non par excés d'idéalisme, mais plutôt par excés de réalisme, par le maintien d'un état de choses injuste.

* *
*

Les grands ouvrages sur le droit des gens, oeuvres de Hollandais, d'Allemands ou de Suisses, comme Grotius, Puffendorf, Vattel, supposent ou préparent une Société des nations. Les philosophes français du XVIIIe siécle ne firent point de tels plans; ils s'en moquèrent même un peu à l'occasion, à cause des timidités ou des contradictions qu'ils y relevaient, et surtout parce que la réalité démentait trop cruellement la théorie, en ce siècle de diplomatie cynique, où le roi de Prusse Frédéric II viola si effrontément les traités.

Cependant l'essentiel de la Société des nations se trouve dans ces gros livres sur le droit des gens, dont Vattel a si clairement extrait et résumé les plus vivantes idées. Et les philosophes français s'en sont bien plus inspirés qu'ils ne l'ont dit.

Au lieu d'écrire des volumes sur cette matière, c'est en passant par boutade ou par occasion, dans leurs pamphlets ou dans leurs écrits divers, qu'ils illustrent et popularisent l'idée fondamentale, à savoir que les nations entre elles doivent appliquer les mêmes règles de morale et de justice que les individus appliquent entre eux.

Ils oscillent entre l'idée de confédérer les nations en conservant à chacune son individualité et l'idée de les fondre en une seule nation.

Dans Mably, par example, qui eut tant d'influence sur les hommes de la Révolution, on trouve ces deux points de vue, et dans le même écrit.

C'est dans les *Entretiens de Phocion* (1763):

"Il en est, dit Mably, de l'amour de la patrie comme de l'économie, de la générosité, etc. Soumis comme elles à une vertu supérieure, il doit comme elles lui obéir, ou ses erreurs, loin de servir la république, en précipiteront la décadence.

"Cette vertu supérieure à l'amour de la patrie, c'est l'amour de l'humanité. Etendez votre vue, mon cher Aristias, au delà des murailles d'Athénes. Est-il rien de plus opposé à ce bonheur de la Société, dont nous recherchons le principe, que ces haines, ces jalousies, ces rivalités, qui divisent les nations? La nature a-t-elle fait les hommes pour se déchirer et se dévorer? Si elle leur ordonne de s'aimer, comment la politique serait elle sage en voulant que l'amour de la patrie portât les citoyens à rechercher le bonheur de leur république dans le malheur de ses voisins? Faisons disparaitre ces frontières, ces limites, qui séparent l'Attique de la Grèce et la Grèce des provinces des Barbares, et il me semble que ma raison s'étend, que mon esprit s'élève, que tout mon être s'agrandit et se perfectionne. S'il est doux pour moi que mes concitoyens veillent à ma sûreté, combien n'est il pas plus agréable de penser que le monde entier doit travailler à mon bonheur!"

Société des nations, république unique du genre humain, ce sont les deux formes de l'humanitarisme au VIIIe siècle, humanitarisme dont le but est d'établir une paix universelle. Voltaire, Rousseau, Raynal collaborent à cette idée, par le fait même qu'ils condamnent, avec une éloquence opiniâtre, la guerre, toute guerre. Rousseau eut-il l'idée d'une société des nations? On voit qu'il songeait surtout à fédérer les petites nations entre elles.

Ce qui est plus intéressant et important, c'est de noter qu'à l'Assemblée constituante, dans le débat sur le droit de paix et de guerre, furent éloquemment exprimées les idées sur lesquelles nous fondons la Société des nations, c'est-à-dire les principes du droit des gens.

C'est même vraiment une Société des nations que proposa Volney dans la séance du 18 mai 1790:

"Jusqu'à ce jour, dit-il, l'Europe a présenté un spectacle affligeant d'orgueil apparent et de misère réelle; on n'y comptait que des maisons de princes et des intérêts de familles. Les nations n'y avaient qu'une existence accessoire et précaire; on portait en dot des peuples comme des troupeaux. Pour les menus plaisirs d'une fête, on ruinait une contrée; pour les pactes de quelques individus, on privait un pays de ses avantages naturels."

"Vous changerez, messieurs, un état de choses si déplorable; vous ne souffrirez plus que des millions d'hommes soient le jouet de quelques-uns, qui ne sont que leurs semblables, et vous rendrez leur dignité et leur droits aux nations. La délibération que vous allez prendre aujourd'hui a cette importance, qu'elle va être l'époque de ce grand passage. Aujourd'hui vous allez faire votre entrée dans le monde politique. Jusqu'à ce moment, vous avez délibéré dans la France et pour la France; aujourd'hui, vous allez déliberer pour l'univers et dans l'univers. Vous allez, j'ose le dire, convoquer l'assemblée des nations."

Puis Volney présenta ce projet de décret:

"L'assemblée déclare solennellement:

"1. Qu'elle regarde l'universalité du genre humain comme ne formant qu'une même et seule société, dont l'objet est la paix et la bonheur de tous et de chacun de ses membres;

"2. Que, dans cette grande société générale, les peuples et les États, considérés comme individus, jouissent des mêmes règles de justice que les individus des sociétés partielles et secondaires;

"3. Que, par conséquent, nul peuple n'a le droit d'envahir la propriété d'un autre peuple ni de le priver de sa liberté et de ses avantages naturels;

"4. Que toute guerre entreprise par un autre motif et pour un autre objet que la défense d'un droit juste est un acte d'oppression, qu'il importe à toute la grande société de réprimer, parce que l'invasion d'un État par un autre État tend à menacer la liberté et la sûreté de tous.

„Par ces motifs, l'Assemblée nationale a décrété et décrète, comme article de la Constitution française:

"Que la nation française s'interdit de ce moment d'entreprendre aucune guerre tendant à accroître son territoire actuel."

Si ce projet de décret ne fut pas voté par l'Assemblée, il n'en reçut pas moins de vifs applaudissements, et, en somme, c'est l'essentiel de ce projet qu'elle adopta quand elle décréta, le 22 mai 1790, en une formule proposée par le duc de Lévis et adoptée par Mirabeau, "que la nation française renonce à entreprendre aucune guerre dans la vue de faire des conquêtes, et qu'elle n'emploiera jamais ses forces contre la liberté d'aucun peuple".

Ce décret qui devint un article de la Constitution de 1791 (titre VI) et dont un historien conservateur, Albert Sorel, s'est moqué avec une sorte de dépit, a été inspiré par l'esprit même de la Révolution française. C'est le principe du libre consentement des peuples, reconnus maîtres de disposer de leur destinée.

Ce principe fut bientôt invoqué et appliqué pour l'annexion d'Avignon et du Comtat à la France.

Le 26 juin 1790, l'Assemblée constituante admit à sa barre les députés d'Avignon, qui venaient demander l'annexion de leur ville à la France: "Oui, dirent-ils, nous osons le prédire, et peut-être le temps n'en est pas éloigné, le peuple français donnera des lois à l'univers entier, et toutes les nations viendront se réunir à lui pour ne plus faire de tous les hommes que des amis et des frères. Le peuple avignonnais a voulu être le premier. Placé au milieu de la France, ayant les mêmes mœurs, le même langage, nous avons voulu avoir les mêmes lois." L'Assemblée n'annexa Avignon et le Comtat qu'après de longues hésitations, quand elle se fut bien assurée de la volonté des habitants.

Ce principe du libre consentement des peuples fut respecté par la Révolution française pour toutes les annexions ultérieures: Savoie, comté de Nice, principauté de Monaco, Belgique, rive gauche du Rhin. Les populations furent consultées, soit par le moyen d'une Convention élue, soit par l'expression directe des voeux des habitants dans le ressort de chaque commune. Ou imprimés ou manuscrits aux Archives nationales, les textes qui expriment ce libre consentement sont l'éloquent temoignage de la loyauté du peuple français à observer le principe proclamé par la Constituante dans sa séance du 22 mai 1790.

On peut dire aussi, qu'il y eut comme une ébauche ou un commencement de Société de nations dans ces républiques sœurs faisant ceinture à la France: républiques batave, helvétique, ligurienne, cisalpine, parthénopéenne, romaine.

Rappelons en outre qu'il fut plusieurs fois question, pendant la Révolution, de compléter la Déclaration des droits de l'homme et du citoyen par une Déclaration des droits des gens.

Dans la séance de la Convention nationale du 21 avril 1793, Robespierre s'exprima ainsi:

"Le Comité a absolument oublié de consacrer les devoirs de fraternité qui unissent les hommes à toutes les nations et leur droit à une mutuelle assistance. Il paraît avoir ignoré les bases d'universelle alliance des peuples contre les tyrans. On dirait que votre déclaration a été faite pour un troupeau de créatures humaines parqué sur un coin du globe, et non pour l'immense famille à laquelle la nature a donné la terre pour demeure et pour séjour.

"Je vous propose de remplir cette grande lacune par les articles suivants. Ils ne peuvent que vous concilier l'estime des peuples. Il est vrai qu'ils peuvent avoir pour inconvénient de vous brouiller sans retour avec les rois. J'avoue que cet inconvénient ne m'effraie pas; il n'effraiera point ceux qui ne veulent pas se reconcilier avec eux.

"Voici mes quatre articles:

"1. Les hommes de tous les pays sont frères, et les différents peuples doivent s'entr'aider selon leur pouvoir, comme les citoyens du même État.

"2. Celui qui opprime une nation se déclare l'ennemi de toutes.

"3. Ceux qui font la guerre à un peuple pour arrêter les progrès de la liberté et anéantir les droits de l'homme devront être poursuivis par tous, non comme des ennemis ordinaires, mais comme des ennemis et des brigands rebelles.

"4. Les rois, les aristocrates, les tyrans, quels qu'ils soient, sont des esclaves révoltés contre le souverain de la terre, qui est le genre humain, et contre le libérateur de l'univers, qui est la nature."

Aucun vote n'intervint.

Quand on discuta le projet montagnard de Constitution, un conventionnel, l'abbé Grégoire, sorte de chrétien démocrate, proposa (18 juin 1793) une Déclaration du droit des gens. Elle ne fut, alors, ni accueillie ni même publiée. La Convention se borna à décréter (articles 118 à 121) de la Constitution de 1793 : "Le peuple français est l'ami et l'allié naturel des peuples libres. Il ne s'immisce point dans le gouvernement des autres nations ; il ne souffre pas que les autres nations s'immiscent dans le sien. Il donne asile aux étrangers bannis de leur patrie pour la cause de la liberté. Il le refuse aux tyrans. Il ne fait point de paix avec un ennemi qui occupe le territoire."

Grégoire présenta de nouveau son projet le 4 floréal an III, quand on recommença à faire une Constitution.

Il dit qu'une déclaration du droit des gens "sera le fanal vers lequel les opprimés, vers lequel surtout les Polonais malheureux tourneront leurs regards, et cet aspect relèvera leur courage."

Il posa en principe que chaque nation, même petite, est souveraine, aussi bien Saint-Marin que la France : "Les nations, dit-il, ont le droit de s'organiser, de se lier, de s'incorporer en traitant d'égal à égal entre elles comme entre les hommes. S'il doit exister des rangs, c'est la vertu qui les donne."

Il espère que le despotisme disparaîtra, "que les peuples, détrompés des fausses idées de grandeur et connaissant mieux leurs interêts, s'occuperont à vivifier leur économie politique, qu'alors tomberont peut-être les barrières entre les nations ; qu'elles étendront les unes vers les autres leurs mains fraternelles, bien convaincues que, pour elles comme pour les individus, les bonnes moeurs et la justice sont les sources uniques du bonheur."

La déclaration de Grégoire, assez mal rédigée, posait cependant des principes utiles.

Et d'abord souveraineté de chaque nation. Puis ces deux articles : "Un peuple doit agir à l'égard des autres comme il désire qu'on agisse a son égard ; ce qu'un homme doit à un homme, un peuple le doit aux autres". "L'intérêt particulier d'un peuple est subordonné à l'intérêt de la famille humaine."

Si Grégoire disait qu'un peuple "n'a pas le droit de s'immiscer dans le gouvernement des autres," il déclarait qu'il n'y a de gouvernements conformes au droit de peuple "que ceux qui sont fondés sur l'égalité et la liberté."

La Convention décréta l'impression de ce projet.

Mais le Comité de salut public vit des inconvénients à consacrer, par une manifestation officielle, ces paroles contre les gouvernements absolus, au moment où il venait de négocier la paix de Bâle avec le roi de Prusse et où il préparait d'autres projets diplomatiques.

Le lendemain 5, il demanda, par l'organe de Merlin (de Douai), le rapport du décret d'impression. Grégoire lui même s'associa à cette motion, qui fut votée.

Donc les hommes de la Révolution ne promulguèrent, officiellement, aucune déclaration du droit des gens ; ils n'esquissèrent aucune ébauche officielle de la Société des nations ou de la République universelle. Pourquoi ? A cause de l'état de l'Europe, à cause de l'ignorance des peuples, à cause de l'impossibilité d'établir des institutions libres chez autres nations, à cause de la necessité de négocier avec les États despotiques.

Toutefois les principes du droit des gens, quoique non formulés dans une déclaration à part, faisant pendant à la déclaration des droits de l'homme et du citoyen, sont implicitement contenus dans cette déclaration, qui ne s'applique pas aux seuls Français, mais à toute l'humanité.

A aucun moment, aucun peuple peut-être n'a eu le sentiment de l'humanité comme le peuple français faisant sa révolution.

Il aurait voulu que tous les autres peuples pussent s'affranchir et s'organiser à son exemple, non pour les dominer ou les diriger, mais pour les rendre heureux.

La Révolution française fut presque aussitôt propagandiste.

Cette propagande, qui s'exerça surtout de 1790 à 1792, avait pour but d'aider les peuples à se délivrer de leurs tyrans, et comme la Révolution française s'était faite par un mouvement à forme municipale, les Français parlaient de "municipaliser" l'Europe.

A l'Assemblée législative Isnard souleva l'enthousiasme, le 29 novembre 1791, en proposant de "traiter tous les peuples en frères", d'exciter la guerre des peuples contre les rois, et il prophétisa que "les peuples s'embrasseront à la face des tyrans détronés."

Le 19 novembre 1792 la Convention nationale promit, par un décret solennel, secours et assistance aux peuples qui voudraient secouer le joug du despotisme.

Les peuples ne se soulevèrent pas, faute de lumières, et les despotes se coalisèrent pour combattre ce foyer français de propagande. A la suite de défaites militaires, la Convention du désavouer son décret. Sur la motion du réaliste Danton, elle déclara, le 13 avril 1793, qu'elle ne s'immiscerait pas dans les affaires des autres peuples et réclama la réciprocité.

Mais la propagande revolutionnaire n'avait pas été sans résultat. En 1792, quand ils conquirent la rive gauche du Rhin, nos généraux y comblèrent les voeux de la population en abolissant le régime féodal, qui pesait si durement sur elles. Lorsque ces régions, un instant perdues, furent reconquises, la suppression de la féodalité y fut définitive sous le régime français, et c'est cette suppression qui rendit alors la France aimable aux Rhénans, et qui leur fit désirer d'être Français.

Cette propagande, en proclamant la fraternité des peuples, illustrait par avance l'idée même de la Société des nations. On pourrait presque dire que la fraternité des peuples embrassant la fraternité des individus, c'est l'idée profonde et essentielle de la Révolution française.

* *
*

Les idées humanitaires, qui sont la source spirituelle de la Société des nations, et qui avaient eu sous la Révolution française, la floraison que j'ai montrée, subirent une éclipse en même temps que la Révolution française elle-même s'éclipsait.

Sous Napoléon, la France semble dégoûtée de cet idéal de fraternité internationale dont elle avait été si enthousiaste en 1792. On la voit se passionner pour la gloire militaire. C'est l'époque des conquêtes démesurées, et, comme nous disons aujourd'hui, de l'impérialisme. Ce n'est pas un Français, c'est un Savoisien, le comte Joseph de Maistre qui alors, loin de France, trace en langue français un projet chrétien de Société des nations dans ces *Soirées de Saint-Petersbourg* que ne parurent qu'en 1821, après la mort de l'auteur.

En tombant, Napoléon laissa la France plus petite qu'il ne l'avait reçue des mains de la Révolution; il la laissa mutilée. Elle avait perdu cette frontière du Rhin, cette Rhénanie, que lui avait procurée l'application même des principes de la Révolution et du droit des peuples à disposer d'eux mêmes. Pendant longtemps, l'opinion française ne parut préoccupée, en matière de politique extérieure, que des moyens d'obtenir, soit par les armes, soit autrement, une révision des traités de 1815.

Ainsi, c'est tout-à-fait en dehors de l'influence et de la participation française que se produisit, après la chute de Napoléon, un mouvement pacifique dans les pays de langue anglaise. Il ne semble pas qu'alors, en France, on ait même connu la fondation de la *New-York Peace Society* et d'autres sociétés analogues dans l'Ohio et le Massachussetts, en 1815, ni la fondation de la Société de paix de Londres en 1816.

Mais s'il ny a pas en France, après Waterloo, de mouvement populaire pour l'organisation de la paix, il y a des voix françaises isolées, il y a le pacifisme d'une élite, — la chose, et non le mot, qui n'existe pas encore. Dès le mois d'octobre 1814, le plus éminent des sociologues français, Saint-Simon, en collaboration avec son élève Augustin Thierry, publie, en forme de lettre adressée aux parlements d'Angleterre et de France, un important ouvrage, intitulé: *"De la réorganisation de la Société européenne, ou de la nécessité et des moyens de rassembler les peuples de l'Europe en un seul corps politique, en conservant à chacun son indépendance nationale."* On y lit ces paroles, où est inclus l'esprit même de la Société des nations: "Il viendra sans doute un temps où tous les peuples de l'Europe sentiront qu'il faut régler les points d'intérêt général avant de descendre aux intérêts nationaux. Alors les maux commenceront à devenir moindres, les troubles à s'apaiser, les guerres à s'éteindre. C'est-là que nous tendons sans cesse; c'est-là que le cours de l'esprit humain nous emporte. Mais lequel est le plus digne de la prudence de l'homme, ou de s'y traîner, ou d'y courir?" C'est bien la Société des nations que demande dès lors Saint-Simon, puisqu'il propose de créer "un parlement général placé au-dessus de tous les gouvernements nationaux et investi du pouvoir de juger leurs différends." Ailleurs, il préconisa le système d'une alliance franco-anglaise aboutissant à une Société européenne, avec un roi d'Europe héréditaire. (Il ne dit pas qui sera ce roi). Ce n'est pas une Société européenne des nations qui fut alors établie, mais la Sainte-Alliance, ligue des rois contre les peuples.

Le roi Louis-Philippe fut très pacifique, on peut même dire pacifique à outrance. C'est sous son règne, en 1843, que les quelques groupements d'amis de la paix qui existaient çà et là dans le monde civilisé firent un congrès à Londres. Il n'y assista qu'un Français, mais représentatif: c'était le duc de Larochefoucauld-Liancourt, président d'une Société française de morale chrétienne, laquelle, fondée en 1821, avait formé un Comité de la paix. A ce congrès fut voté le voeu qu'une clause de médiation fût insérée dans tous les traités. Le congrès envoya des délégués à Louis-Philippe pour lui présenter ce voeu: le roi des Français leur fit le meilleur accueil.

Mais il faut avouer que le pacifisme de Louis-Philippe n'était pas populaire. On lui reprochait de vouloir la paix à tout prix, d'abaisser la France devant l'Angleterre, de se résigner aux traités de 1815, d'oublier la honte de Waterloo. D'autre part, Louis-Philippe, en ramenant solennellement en France les cendres de Napoléon, commettait la maladresse de donner ainsi une occasion éclatante aux partisans de la gloire militaire et de l'impérialisme.

Toutefois, il faut distinguer la masse de l'élite, ou plutôt d'une élite, qui, à l'encontre de l'opinion générale, de la grosse opinion, glorifia toutes les idées d'où sortira la Société des nations.

Le saint-simonisme se développe, et c'est avant tout sur la collaboration des peuples qu'il fonde sa réforme sociale. Enfantin veut organiser "la sainte famille humaine", sur l'idée "d'association universelle", et en prenant pour point de départ la triple alliance de la France, de l'Angleterre et de l'Allemagne. En 1831, il demande un congrés des peuples pour élaborer une "charte internationale des nations". En 1840, dans son livre: *"De la politique générale et du rôle de la France en Europe"*, Victor Considérant démontre que la politique qui a pour but "la fondation de la paix générale et de l'Association des nations" est conforme au caractère national des Français, qui ont pour mission et pour devoir d'en prendre l'initiative. Il demande une "Congrès d'unité".

En 1839, un grand chrétien social, Lamennais, dans sa *"Politique à l'usage du peuple"*, avait glorifié la fraternité des peuples, et, alors que les conceptions n'allaient pas au-delà des États-Unis d'Europe, il avait prédit "la famille universelle du genre humain".

Le socialiste catholique Constantin Pecqueur veut une "Republique de Dieu", une "armée de la paix", une "justice universelle", un arbitrage obligatoire.[1])

Le plus éloquent des précurseurs français de la Société des nations, le plus éloquent des pacifistes, à l'époque de Louis-Philippe, ce fut Lamartine. A la chambre des députés, dans son discours du 10 février 1840, il fonda l'avenir sur une "fraternité européenne", et il fonda cette fraternité européenne sur l'union de la France et de l'Angleterre, union qui, dit-il, sera "le piédestal des droits du genre humain". L'année suivante, dans sa poésie *la Marseillaise de la paix,* il fit entendre la note internationaliste, la plus hardie qu'on eût encore entendue, s'écriant:

L'égoïsme et la haine ont seuls une patrie,
La fraternité n'en a pas!

Mais ce cri de Lamartine fut presque sans écho, et à sa poésie si pacifiste et si grave il semble qu'on préféra le petit poème belliqueux et souriant d'Alfred de Musset.

* *
*

La naissance et les progrès du socialisme en France, à la fin du règne de Louis-Philippe, changèrent ces dispositions, au moins dans la classe ouvrière. La Révolution de 1848, par le triomphe de la démocratie, ramena le peuple français aux idées

[1]) Voir le récent et instructif livre de M. J.—L. Puech: "La tradition socialiste en France et la Société des nations".

de fraternité internationale, et la revanche de Waterloo ne fit plus partie du programme de l'opinion libérale.

Devenu ministre des affaires étrangéres du gouvernement provisoire, le poète Lamartine adressa aux agents diplomatiques, le 4 mars 1848, une circulaire où on lisait: "La raison, rayonnant de partout, par dessus les frontières des peuples, a créé entre les esprits cette grande nationalité intellectuelle qui sera l'achèvement de la Révolution française et la constitution de la fraternité internationale du globe". Le *Moniteur,* journal officiel du gouvernement républicain, déclara, le 28 juillet 1848, que la République française "vient au secours du temps, et des idées qui préparent peu-à-peu les États-Unis de l'ancien continent".

Parmi les précurseurs de la Société des nations, il faut citer Auguste Comte, qui a commencé à écrire sous la Restauration et sous Louis-Philippe, mais dont l'influence est postérieure à ses premiers écrits. Il a développé l'idée d'une fédération des puissances occidentales. Son disciple Littré, en 1849, exalta l'idée d'une République occidentale, disant que, "par son histoire, par ses sentiments, par ses intérêts, l'Occident est poussé vers une confédération républicaine".

Mais, à cette époque de la seconde République, le mouvement pacifiste se manifesta en France autrement que par des écrits. Tout le socialisme, qui alors, à un moment, participa au pouvoir en la personne de Louis Blanc, fut pacifiste, et tendit à la fraternisation des peuples en restaurant les formules de 1792. Il y eut aussi, dans le même sens, d'importantes manifestations internationales. En septembre 1848 eut lieu à Bruxelles le second Congrès de la paix. Un député français, Francisque Bouvet, y représenta l'Assemblée constituante et y joua un rôle.

Dans cette France devenue républicaine, le mouvement pacifiste est maintenant assez fort pour que ce soit à Paris que se réunisse, en août 1849, le troisième Congrès de la paix, qui eut un immense retentissement. L'archevêque de Paris en fut nommé président honoraire. Le président effectif fut Victor Hugo. Le vice-président fut l'Anglais Cobden. On entendit, du côté français, des discours d'Emile de Girardin, de Bastiat, de l'abbé Deguerry. Mais le discours qui fit sensation (21 août 1849), ce fut celui de Victor Hugo. Le poète venait de rompre définitivement avec les partis rétrogrades. Jadis légitimiste, il s'était rallié à la Révolution française, et en avait étudié ardemment l'histoire. Autant historien que poète, c'est de l'unité française que, dans son discours, il fait sortir l'unité mondiale:

"Messieurs, dit-il, si quelqu'un, il y a quatre siècles, à l'époque où la guerre existait de commune à commune, de ville à ville, de province à province, si quelqu'un eût dit à la Lorraine, à la Picardie, à la Normandie, à la Bretagne, à l'Auvergne, au Dauphiné, à la Bourgogne: Un jour viendra ou vous ne ferez plus la guerre, un jour viendra où vous ne léverez plus d'hommes d'armes les uns contre les autres, un jour viendra où on ne dira plus: Les Normands ont attaqué les Picards, les Lorrains ont repoussé les Bourguignons. Vous aurez bien encore des différends à régler, des intérêts à débattre, des contestations à résoudre. Mais savez-vous ce que vous mettrez à la place des hommes d'armes? Savez-vous ce que vous mettrez à la place des gens de pied et de cheval, des canons, des fauconneaux, des lances, des piques, des épées? Vous mettrez une petite boîte de sapin que vous appellerez l'urne de scrutin, et de cette boîte il sortira, quoi? Une assemblée en laquelle vous vous sentirez tous vivre, une assemblée qui sera votre âme à tous, un concile souverain et populaire qui décidera, qui jugera, qui résoudra tout en loi, qui fera tomber le glaive de toutes les mains et surgir la justice dans toutes les cœurs, qui dira à chacun: Là finit ton droit, ici commence ton devoir. Bas les armes! Vivez en paix! Et ce jour là, vous vous sentirez une pensée commune, des interêts communs, une destinée commune; vous vous embrasserez, vous vous reconnaîtrez fils du même sang et de la même race; ce jour là vous ne serez plus des peuplades ennemies: vous serez un peuple; vous ne serez plus la Bourgogne, la Normandie, la Bretagne, la Provence: vous serez la France".

"Si, continue Victor Hugo, on avait dit cela alors, on eût été dedaigneusement traité de songe-creux. Or, cette chimère, c'est aujourd'hui la réalité. Eh bien, le poète dit à la France, à l'Angleterre, à la Prusse, à l'Autriche, à l'Espagne, à l'Italie, à la Russie: "Un jour viendra où les armes vous tomberont des mains à vous aussi. Un jour viendra où la guerre paraîtra aussi absurde et sera aussi impossible entre Paris et Londres, entre Pétersbourg et Berlin, entre Vienne et Turin, qu'elle serait impossible et qu'elle paraîtrait absurde aujourd'hui entre Rouen et Amiens, entre Boston et Philadelphie. Un jour viendra où vous France, vous Russie, vous Italie, vous Angleterre, vous Allemagne, vous toutes nations du continent, sans perdre vos qualités distinctes et votre glorieuse individualité vous vous fondrez étroitement dans une unité supérieure et vous constituerez la fraternité européenne, absolument comme la Normandie, la Bretagne, la Bourgogne, la Lorraine, l'Alsace, toutes nos provinces se sont fondues dans la France .... Un jour viendra où les boulets et les bombes seront remplacés par les votes, par le suffrage universel des peuples, par le vénerable arbitrage d'un grand sénat souverain, qui sera à l'Europe ce que le Parlement est à l'Angleterre, ce que la Diète est à l'Allemagne, ce que l'Assemblée législative est à la France."

Prévoyant (avec un peu trop d'optimisme) que le génie américain fraterniserait aussi avec le génie européen, dont il est fils, Victor Hugo prédisait en même temps l'association de "ces deux groupes immenses, les États-Unis d'Amérique, les États-Unis d'Europe".

Ce congrès, où Victor Hugo parla si magnifiquement, aboutit à des résolutions, redigées par des Français, où se trouve déja la Société des nations, ou plutôt une Société des nations meilleure que celle qui existe aujourd'hui. Voici ces résolutions, dont le souvenir doit vivre:

"Le recours aux armes étant un usage condamné par la religion, la morale, la raison, l'humanité, c'est pour tous les hommes un devoir et un moyen de salut de rechercher et d'adopter les mesures propres à amener l'abolition de la guerre; et les amis de la paix universelle, réunis à Paris les 22, 23 et 24 août en congrès, ont émis les voeux suivants:

"1. La paix pouvant seule garantir les intérêts moraux et matériels des peuples, le devoir de tous les gouvernements est de soumettre à un arbitrage les différends qui s'élèvent entre eux, et de respecter les décisions des arbitres qu'ils auront choisis.

"2. Il est utile d'appeler l'attention de tous les gouvernements sur la necessité d'entrer, par une mesure générale et simultanée, dans un système de désarmement afin de réduire les charges des Etats et en même temps faire disparaître une cause permanente d'inquiétude et d'irritation entre les peuples.

"3. Le congrès recommande à tous les amis de la paix de préparer l'opinion publique, dans leurs pays respectifs, à la formation d'un Congrès des nations dont l'unique objet serait la rédaction des lois internationales et la constitution d'une Cour suprême à laquelle seraient soumises toutes les questions qui touchent aux droits et aux devoirs réciproques des nations.

"4. Le Congrès réprouve les emprunts et les impôts destinés à alimenter des guerres d'ambition et de conquête.

"5. Le Congrès recommande à tous ses membres de travailler dans leurs pays réspectifs à faire disparaître, et par une meilleure éducation de la jeunesse, et par toute autre voie, les préjugés politiques et les haines héréditaires qui ont été si souvent causes de guerres désastreuses.

"6. Le Congrès adresse la même invitation à tous les ministres des cultes revêtus de la sainte mission de nourrir les sentiments de concorde parmi les hommes, ainsi qu'aux divers organes de la presse, qui agit si puissamment sur le développement de la civilisation.

"7. Le Congrès fait des voeux pour le perfectionnement des voies de communication internationale, pour l'extension de la réforme postale, pour la généralisation des mêmes types de poids, de mesures et de monnaies, pour la multiplication des sociétés de la paix, qui seraient appelées à correspondre entre elles.

"8. Le Congrès décide que son Bureau est chargé de rédiger une adresse à tous les peuples, de porter les vœux de la réunion à la connaissance des gouvernements, et d'en remettre spécialement une minute entre les mains de M.le président de la République française."

Rappelons aussi que Pierre Leroux, en prêchant sa "religion de l'humanité", avait recommandé une association pacifique et une union intellectuelle entre les nations. C'est lui qui, sous la seconde République, lança ce mot de "Société des nations", que, de nos jours, MM. Maxime Leroy et Léon Bourgeois ont popularisé.

* *
*

Sous Napoléon III, si belliqueux, l'idée de la Société des nations et les idées pacifistes semblèrent s'éclipser avec la liberté, du moins dans la première période, celle de l'empire autoritaire. Auguste Comte continua à écrire et à publier; mais ses écrits, peu lus du grand public, n'avaient presque aucune action en tant que pacifistes, ou plutôt en tant qu'il y parlait d'un groupement des nations occidentales.

C'est dans la seconde période de l'Empire, celle qu'on appelle la période libérale, que le mouvement pacifiste reparait en France, non seulement parce qu'il y a une demi-liberté de la presse, mais aussi et surtout par esprit d'opposition à la politique guerrière du second empire.

L'idée de la Société des nations est restaurée dans une forme originale par

Proudhon, je veux dire sous la forme fédérative, notamment en 1863, dans l'écrit de ce penseur qui est intitulé: "Du principe fédératif et de la necessité de constituer le parti de la Révolution".

Le philosophe Renouvier, en 1869, dans ses *Essais de morale,* mit lui aussi en lumière ce qu'il appelle la "notion de la fédération". Il dit: "L'idéal est une fédération d'États libres, homogènes, autonomes, limités et multipliés par leurs décisions propres et par leurs conventions autant que par des affinités naturelles et par la facilité de se connaître et de s'administrer eux-mêmes."

Sous Napoléon III, avec le développement de l'industrie le socialisme se développe de plus en plus, et donc le pacifisme. Cela n'est point en forme de société des nations, mais en forme de société des travailleurs. Considérable fut la participation française à l'Association internationale des travailleurs, dont le premier Congrès, à Genève, en 1866, comptait 17 Français sur un total de 60 délégués. Beaucoup de républicains français notables avaient adhéré, quoique non socialistes, à cette Internationale, entre autres Jules Simon, Henri Martin, Gustave Chaudey, Corbon, Charles Beslay. Cette entente de travailleurs intellectuels avec les travailleurs manuels fut rompue par ce qu'on crut être la participation de l'Internationale ouvrière à la guerre civile de la Commune en 1871.

En 1867, la bourgeoisie libérale française, en une partie de son élite avait tâché de restaurer le mouvement pacifiste interrompu par la chute de la seconde République. C'était au moment de la tension entre la France et l'Allemagne au sujet du Luxembourg. La guerre semblait imminente. Alors fut fondée à Paris, sur l'initiative de Frédéric Passy, de Gustave d'Eichthal et du pasteur Martin-Paschoud, une "Ligue internationale et permanente de la paix". Elle eut pour président Jean Dolffus, et pour secrétaire général Frédéric Passy, qui en fut l'âme, et qui, avec un zèle désintéressé et infatigable, consacra toute sa vie à la cause de la fraternité des peuples. Cette ligue unissait des catholiques et des libres penseurs, mais surtout des protestants et des catholiques, comme le pasteur Athanase Coquerel et le Père Charles Perraud. Si elle ne parvint pas à rallier la masse de l'opinion publique, elle ne fut pourtant pas sans influence, du moins dans les milieux d'opposition à l'Empire, et on la regarda avec une curiosité bienveillante.

En cette même année 1867, et quelques jours plus tard, un Français zélé, saint-simonien, ancien professeur de philosophie, Charles Lemonier, fonda à Genève, sous la présidence d'honneur de Garibaldi, une "Ligue internationale de la paix et de la liberté". Elle tint en 1869 un congrès où Lemonnier, dans un rapport, détermina "les bases d'une organisation fédérale de l'Europe". Sans avoir une grande influence en France, Lemonnier contribua beaucoup à la diffusion en Europe de l'idée française des États-Unis d'Europe, de cette idée que Victor Hugo ne cessait de proclamer, du fond de son exil, en l'étendant même au monde entier. Le poète annonçait la République universelle, qu'il fondait sur l'union de l'Angleterre et de l'Europe. A l'occasion du centenaire de Dante, le ler mai 1865, il s'écriait: "Toute la terre sera compatriote!"

* *

*

La guerre franco-allemande de 1870—1871 n'avait pas été voulue par l'opinion française; mais cette opinion fût inerte et aveugle. Les pacifistes français n'eurent pas assez d'influence pour empêcher Napoléon III de déclarer la guerre à la Prusse.

Cette guerre, avant même qu'elle prît fin, rallia à l'idée d'une Société des nations un des grands intellectuels français, Ernest Renan, qui avait beaucoup d'influence sur la bourgeoisie libérale. Dans la *Revue des Deux-mondes* du 15 septembre 1870, il envisagea, comme un moyen de salut, les "États-Unis d'Europe liés entre eux par un pacte fédératif". Le 16 du même mois, dans une lettre publique à l'Allemand Strauss, il développa "le principe d'une fédération européenne".

Victor Hugo venait de faire un geste en faveur de la Société des nations, geste de poète et de croyant. Dans une lettre à Paul Meurice, datée d'Hauteville House le 7 août 1870, il disait: "Le 14 juillet dernier, presque au même moment où la guerre éclatait entre la France et la Prusse par l'intrigue de Bismarck démasquée, et entre la raison humaine et la superstition par l'infaillibilité du pape proclamée, j'ai planté dans mon jardin de Hauteville House, en présence de quelques amis, dont plusieurs proscrits, un gland que j'ai appelé le chêne des États-Unis d'Europe." Et il célébrait cette semence dans la pièce des *Quatre Vents de l'esprit,* intitulée: *En plantant le chêne des États-Unis de l'Europe dans le jardin de Hauteville House, le 14 juillet 1870.* C'est là qu'il dit:

Semons! Semons le gland, et qu'il soit chêne immense!
Semons le droit; qu'il soit bonheur, gloire et clarté.
Semons l'honneur, qu'il soit peuple. Semons la France. Et qu'elle soit humanité!

Je me suis enquis de la destinée de ce gland ainsi semé par Victor Hugo, deux jours avant la guerre qui a coûté à la France Metz et l'Alsace. Le geste du semeur a été heureux. Le chêne qui est sorti de ce gland est, à l'heure actuelle, vivant, bien vivant, droit, robuste, bien feuillu. Puisse-t-il être un symbole d'avenir!

Rentré en France, que ce soit pendant le siège de Paris ou après le traité de Francfort, Victor Hugo saisit toute occasion d'annoncer la Société des nations, tout en prédisant une guerre avec l'Allemagne pour la reprise de l'Alsace et de Metz. Aux démocrates italiens, en 1871, il prophétise "la fédération des peuples". A propos de l'exposition de Philadelphie, en 1876, il dit: "Le vingtième siècle verra l'embrassement des États-Unis d'Amerique et des États-Unis d'Europe." La même année, invité à un banquet démocratique à Marseille, il écrit: "Complétons la Révolution française par la fraternité européenne, et l'unité de la France par l'unité du continent. Établissons entre les nations cette solide paix, la fédération, cette solide justice, l'arbitrage."

En 1878, au centenaire de Voltaire, il developpa magnifiquement la même idée, avec une audace dont alors les amis du passé se scandalisèrent. Il avait dit: "Ah, proclamons les vérités absolus. Déshonorons la guerre. Non, la gloire sanglante n'existe pas. Non, ce n'est pas bon et ce n'est pas utile de faire des cadavres. Non, il ne se peut pas que la vie travaille pour la mort. Non, ô mères qui m'entourez, il ne se peut pas que la guerre, cette voleuse, continue à prendre vos enfants. Non, il ne se peut pas que la femme enfante dans la douleur, que les hommes naissent, que les peuples labourent et sément, que le paysan fertilise les champs et que l'ouvrier féconde les villes, que les penseurs méditent, que l'industrie fasse des merveilles, que le génie fasse des prodiges, que la vaste activité humaine multiplie en présence du ciel étoilé les efforts et les créations, pour aboutir (on était en 1878) à cette épouvantable exposition internationale qu'on appelle un champ de bataille."

Dans les années qui suivirent immédiatement la défaite de la France par l'Allemagne, l'idée d'une Société des nations, préconisée par le grand poète, ne fut pas populaire. On craignait peut-être de consacrer ainsi, par le *Statu quo,* la perte de l'Alsace-Lorraine. Et puis la chute de la Commune de Paris et la réaction qui s'ensuivit avaient ôté la parole et la liberté aux socialistes, ces grands adversaires du bellicisme en France.

Cependant, dès 1872, Frédéric Passy et ses amis reconstituèrent à Paris leur groupement pacifiste rompu par la guerre. Ils l'appelèrent d'abord: "Société française des amis de la paix"; puis: "Société française pour l'arbitrage des nations". Ils organisèrent en 1878, lors de l'exposition universelle, un Congrès universel de la paix à Paris.

L'amnistie accordée aux Communards condamnés ou exilés rendit la parole aux socialistes et, en fortifiant les éléments de gauche, encouragea les amis de la paix. Peu-à-peu s'était répandue l'idée qu'il ne fallait point recourir à une nouvelle guerre pour recouvrer l'Alsace-Lorraine, et qu'il valait mieux obtenir cette réparation du temps et des progrès de l'idée démocratique. On ne renonçait pas, mais on ne voulait plus de guerre. A l'exception d'une petite minorité turbulente, la masse du peuple français voulait la paix. Ces dispositions pacifiques avaient été éclairées et fortifiées par l'école primaire. Les très grands progrès du socialisme et les premiers développements du syndicalisme rendirent la classe ouvrière hostile à toute idée de guerre. Pas plus que par le passé cette classe ne songeait à une société des nations formelle, mais seulement à une société des travailleurs. La bourgeoisie libérale, en une élite un peu plus nombreuse que par le passé, se rangeait à l'idée de la Société des nations.

En 1887, il se fonda une très intéressante et active Société, composée surtout de jeunes gens, dont plusieurs étaient protestants entre autres MM. Jacques Dumas et Henry Babut. C'est l'Association de la paix par le droit, qui eut son siège à la fois à Paris et à Nimes. Son principal but était d'obtenir que tout différend entre nations fût réglé par voie juridique, et c'est bien-là le point de départ d'une Société des nations. A partir de 1889, elle publia chaque année un Almanach de propagande et, mensuellement, une Revue: *La Paix par le Droit,* qui est fort estimée et très lue par les protestants libéraux et par les universitaires de gauche. Elle a tenu un congrès à Lyon, la veille de la guerre (mai—juin 1914).

Cette Association a beaucoup contribué au succès des Congrès internationaux de la paix, dont le premier a eu lieu à Paris en 1889. Les autres ont eu lieu, chaque année jusqu'à la grande guerre, dans diverses villes d'Europe et d'Amérique, mais deux fois encore en France, à savoir en 1900 à Paris, et en 1903 à Rouen.

Le même but a été poursuivi par la "Conférence interparlementaire", qui, à la suite du premier Congrès de la paix, s'est tenue à Paris, par l'initiative de Frédéric Passy et de Randal Cremer. Forte de l'adhésion de plus de 3000 députés, appartenant à 22 parlements divers, cette conférence a tenu 18 sessions avant la guerre, a fondé un Conseil interparlementaire de l'arbitrage international, et a, pour ainsi dire, offert l'image de ce que pourrait être un parlement de l'humanité. La participation française à ce groupement international des parlements a été fort active, fort importante, en particulier par les soins d'un Groupe français d'arbitrage, fondé et présidé par M. le sénateur d'Estournelles de Constant, et qui comptait plus de cinq cents sénateurs et députés.

Les deux conférences de La Haye, en 1899 et en 1907, suscitèrent en France, dans les milieux intellectuels un vif mouvement de sympathie et d'espérance, suivi d'une déception cruelle causée par l'opposition de l'Allemagne à l'établissement d'un système d'arbitrage qui pût réellement prévenir une grande guerre. Les interventions de l'Allemagne au Maroc rendirent inquiets les Français les plus pacifistes. Mais l'optimisme reprit peu-à-peu le dessus, surtout à entendre la grande voix confiante du génial orateur socialiste Jaurès, qui se fit apôtre de la Société des nations, beaucoup plus qu'on l'avait jamais été dans son parti.

Nos lecteurs connaissent le rôle si actif que la France joua aux conférences de La Haye. Ses délégués surtout MM. Léon Bourgeois, d'Estournelles de Constant, Louis Renault, firent de courageux et souvent heureux efforts pour que l'esprit de fraternité dominât l'esprit d'egoïsme national. Tous les Français libéraux et pacifiques ont su gré à M. Léon Bourgeois d'y avoir si bien exprimé les sentiments de l'élite française et d'y avoir été un si bon ouvrier de la paix humaine. Ce n'est pas la faute de la France si, à La Haye, une vraie Société des nations n'a pas été fondée, qui eût évité au monde l'atroce guerre dont il subit encore les conséquences.

Si M. Léon Bourgeois n'a pas inventé ce mot de Société des nations, c'est surtout lui qui l'a popularisé, non seulement en France, mais dans le monde. Le 5 juin 1908, dans un discours prononcé à l'École des sciences politiques, à Paris, il dit que le but des conférences de La Haye à été "la formation d'une Société de droits entre nations". Et, après avoir résumé les conventions de La Haye, il conclut ainsi avec un optimisme un peu prématuré : "La Société des nations est créée. — Elle est bien vivante". Voilà ce mot de Société des nations, que pourtant on ne voit pas dans les résolutions adoptées à La Haye, le voilà dès lors lancé dans le monde, par l'orateur français, qui, réunissant en un volume ses discours sur ce sujet, en 1910, intitula ce volume : *Pour la Société des nations.*

* * *

La guerre mondiale interrompit tout ce mouvement d'opinion, aussi bien dans sa forme française que dans ses autres formes. Mais elle ne l'interrompit complètement que chez les belligérants. C'est dans une nation encore neutre qu'en pleine guerre, et alors qu'on n'entrevoyait même pas la paix, fut formulé, en faveur d'une Société des nations, l'appel le plus éloquent que l'humanité eût encore entendu. Je parle du discours que le président Wilson, le 27 mai 1916, prononça à la *League to enforce Peace,* et où il déclara que "toutes les nations de l'univers doivent instituer une sorte de ligue". Ensuite, soit avant, soit après l'entrée en guerre des États-Unis, il précisa, développa cette idée. Les Français y applaudirent autant et peut-être plus qu'aucun autre peuple de l'univers. Aujourd'hui que tout est refroidi, il est difficile de se faire une idée de la chaleur d'enthousiasme avec laquelle, soit aux armées, soit dans les villes, les Français saluèrent le président Wilson annonciateur de la Société des nations. Formulée à l'américaine, cette conception française n'en plut que davantage aux Français, comme une chose à la fois très nouvelle et très ancienne, à la fois française et américaine, un peu comme la Déclaration française des droits de 1789 avait plu aux Français d'alors parce qu'elle revenait d'Amérique, où l'Angleterre et la France l'avaient jadis envoyée.

Le parlement français, en diverses manifestations, adopta la Société des nations comme un des buts de guerre. M. Ribot, président du Conseil et ministre des affaires étragères nomma en 1917 une Commission, présidée par M. Léon Bourgeois, pour préparer un projet de Société des nations.

Cette idée franco-wilsonienne de Société des nations ne rencontra en France qu'un adversaire ou un sceptique; c'est M. Georges Clemenceau. Devenu président du Conseil, il lut à la Chambre des députés, le 20 novembre 1917, une déclaration dont la phrase essentielle consistait dans ces quatre petits mots: "Rien que la guerre". Dans le débat qui s'ensuivit, un député, M. Pierre Forgeot, ayant rappelé qu'un des buts de la guerre, c'est la Société des nations, M. Clemenceau prononça ces paroles, qu'il faut reproduire, parce qu'elles eurent de l'influence sur l'opinion:

"Vous croyez que la formule de la Société des nations peut tout résoudre. Il faut savoir ce que cela veut dire. Il y au quai d'Orsay, où réside M. Pichon (le ministre des affaires étrangères), une commission qui a été nommée, je crois, par M. Ribot, pour préparer l'organisation de la Société des nations, et qui est composée des hommes les plus compétents, les maîtres du droit international: MM. Bourgeois, Renault, Lavisse, et autres esprits éminents, dont nul ne peut contester la haute valeur. Eh bien, ils préparent la Société des nations".

Si on lit ces paroles dans le *Journal officiel,* où je les prends, on ne peut comprendre pourquoi elles soulevèrent une hilarité générale dans la Chambre. Les mots semblent aujourd'hui inoffensifs, et on dirait que M. Clemenceau parla d'un ton sérieux. Mais il eut en réalité un ton de moquerie, des gestes de gaminerie, dont le comique fut irrésistible, aux dépens de M. Léon Bourgeois et de la Société des nations, que le président du Conseil vouait au ridicule. La gauche cessa la première de rire, et la droite montra sa satisfaction. Un député socialiste, M. Moutet, dit alors à M. Clemenceau, en montrant la droite: "Qui est-ce qui vous a compris? Eux, ou nous?" Et M. Clemenceau reprit, d'un ton un peu plus sérieux, mais avec quelque raillerie encore dans la voix et dans le geste: "Et je prends un engagement: c'est que, si je suis encore ministre — ce qui n'est pas probable — lorsque leur travail sera terminé et leur rapport présenté, ce rapport sera déposé par moi sur le bureau de la chambre, et nous le discuterons. Je pense que les conclusions d'hommes comme MM. Léon Bourgeois, Lavisse, Louis Renault ne sont pas pour être dédaignées."

Cette ironique promesse ne fut d'ailleurs pas tenue. M. Clemenceau était encore ministre quand le rapport de la Commission fut terminé, et la Chambre ne fut pas admise à le discuter, ni même, je crois, à le connaître.

En France, on est très sensible à la raillerie, et M. Clemenceau, vrai maître railleur, était alors l'homme le plus populaire, à cause de son énergie si robuste et aussi à cause de son esprit, si vif, si pétillant, si endiablé. Quand les Français surent que Clemenceau se moquait de la Société des nations, ceux d'entre eux qui, secrètement hostiles à l'idée de cette société, n'osaient pourtant pas le dire, se sentirent enhardis dans leur hostilité; d'autres eurent peur d'être ridicules en affichant trop de confiance en la Société des nations. Ceux des partisans de cette Société qui en restèrent enthousiastes surveillèrent désormais leur langue ou leur plume, pour éviter de prêter à sourire en montrant trop de foi.

L'ironie de M. Clemenceau s'attaqua même à la personne de Wilson, quand cet apôtre de la Société des nations fut arrivé en France. Il parla à la tribune de la "noble candeur" de cet homme éminent, et il eut l'air de se moquer de lui. On désapprouva cette indécence, mais il est sûr qu'ensuite ce président Wilson, qui avait été acclamé comme s'il était plus qu'un homme, n'eut plus tout-à-fait le même prestige aux yeux de tous les Français. La Société des nations et son prophète n'étaient donc plus, au moment des négociations de paix, aussi populaires en France que quelques années ou quelques mois plus tôt.

II. L'OPINION FRANÇAISE DEPUIS LA GUERRE.

L'opinion française, comme d'ailleurs l'opinion des autres pays, fut très peu tenue au courant des discussions qui eurent lieu dans la Conférence de la paix au sujet du pacte de la Société des nations. Elle fut plus ignorante qu'indifférente, et on avait généralement le sentiment que l'avenir de la France dépendait des termes mêmes de ce pacte. Mais on avait confiance en M. Léon Bourgeois, et on savait qu'il exprimerait fidèlement et intelligemment l'opinion des démocrates français.

Un document important à ce sujet, c'est le projet qu'avait préparé la Commission française instituée par M. Ribot et que présidait M. Léon Bourgeois. Ce projet avait été rédigé le 8 juin 1918. Ce n'est que là qu'on peut voir ce que voulaient des Français éminents en fait de Société des nations, et, si on compare ce texte avec le projet Wilson adopté, on peut voir qu'ils ont obtenu et ce qu'ils n'on pas obtenu.

Après un préambule de quelques lignes, la Commission française établissait ainsi les principes constitutifs de la Société des nations:

"I. En déclarant que le sentiment du droit et l'honneur les obligent à soutenir jusqu'à la commune et décisive victoire la guerre qui leur a été imposée par l'organisation des Empires centraux, les Alliés entendent qu'un des résultats de cette victoire soit d'épargner au monde dans l'avenir le retour des tentatives de violence et des entreprises d'hégémonie d'un peuple quelconque, — et d'établir sur une base définitive dans l'humanité le règne du droit. Ils déclarent que, pour assurer les conditions sans lesquelles il ne peut y avoir qu'une trêve dangereuse, et non une paix véritable, il est nécessaire de pourvoir à une organisation contractuelle et permanente des rapports entre les États, de manière à instituer entre eux cette association à laquelle l'opinion universelle a donné le nom de "Société des Nations".

"II. La Société des Nations n'a pas pour objet l'établissement d'un État politique international. Elle se propose uniquement le maintien de la paix par la substitution du droit à la force dans le réglement des conflits. Elle garantit donc également à tous les États, petits et grands, l'exercice de leur souverainété.

"III. La Société des Nations est de tendance universelle, mais, par son objet même, elle ne peut s'entendre que de l'ensemble des nations fidèles à la parole donnée, qui se seront engagées solennellement à observer certaines régles pour maintenir la paix par le respect du droit et pour assurer le libre développement de leur activité, et qui se seront donné les unes aux autres toutes les garanties nécessaires de fait et de droit. En conséquence n'y peuvent être admises que les nations constituées en États et pourvues d'institutions représentatives permettant de les considérer comme responsables elles-mêmes des actes de leur propre gouvernement.

"IV. La Société des Nations est représentée par un organisme international composé des chefs responsables des Gouvernements ou de leurs délégués. Cet organisme international a les attributions suivantes: 1° Il pourvoit à l'organisation d'un tribunal international. 2° Il procède, par la voie d'une médiation précédée; s'il y a lieu, d'une enquête dans les termes de la Convention de la Haye de 1907, au règlement amiable des contestations entre les États associés. 3° Au cas où le réglement amiable est impossible, il renvoit l'affaire devant le tribunal international, si cele-ci est susceptible d'une décision judiciaire; sinon il lui appartient de la régler. 4° Il assure l'exécution de ses décisions et de celles du tribunal international, sur sa réquisition; chaque nation est tenue d'user d'un commun accord avec les autres de sa puissance économique, maritime et militaire contre toute nation contrevenante. 5° Chaque nation est également tenue, sur réquisition de l'organisation internationale, d'user d'un commun accord avec les autres de sa puissance économique, maritime et militaire contre toute nation qui, n'ayant pas adhéré à la Société des Nations, prétendrait imposer, par quelque moyen que ce soit, sa volonté à une autre.

"V. Le tribunal international statue sur les contestations qui lui sont soumises, soit par l'organisme international, soit par un État ayant un litige avec un autre. Il lui appartient de dire et proclamer le droit entre les États, tel qu'il résulte de la coutume et des conventions internationales ainsi que la doctrine et de la jurisprudence. En cas de violation du droit, il ordonne les réparations et sanctions nécessaires."

La Commission indique ensuite, en ces termes, les sanctions diplomatiques, juridiques et économiques:

1° *Sanctions diplomatiques.* Ces sanctions qui doivent avoir pour résultat de mettre pendant un temps plus ou moins long, l'État déliquant au ban des nations associées, se ramènent à trois: la suspension ou la rupture des rapports diplomatiques que cet État a jusqu'alors entretenus avec les autres États ayant adhéré à la Société des Nations; le retrait de l'exéquateur, accordé à ses consuls; son expulsion du bénéfice des accords internationaux d'un intérêt général, auxquels il a participé.

2° *Sanctions juridiques.* D'autre part, certaines sanctions d'ordre juridique permettront à la Société des Nations, suivant les cas, d'obtenir le respect des principes dont elle aura la garde. C'est ainsi que les infractions commises, encouragées ou tolerées par l'un des États associés pourront entraîner à sa charge des sanctions pécuniaires, qui lui seront appliquées par la Cour de Justice internationale, conformément au principe général posé par l'article 3 de la Convention de la Haye du 16 octobre 1907 sur les lois et coutumes de la guerre. Il est en outre des sanctions appartenant au domaine juridique, qui, sans mettre en jeu la résponsabilité pécuniaire immédiate de l'État en cause, exerceront une action très énergique et très pressante à raison des sanctions qu'elles imposeront aux intérêts privés des citoyens eux-mêmes. Il n'est pas question de dépouiller ces derniers des avantages du droit naturel, de les punir d'actions qui ne leur sont pas personnellement imputables; mais la solidarité nationale, dont ils ont la charge en même temps que le bienfait, permet sans doute de leur retirer momentanément l'exercice de telle ou telle faculté qui, bien que n'étant pas indispensable à l'existence, contribue cependant à la faciliter. Citons comme particulièrement efficaces à ce point de vue: la suspension, au regard des sujets de l'État contrevenant des traités d'établissement, des conventions relatives à la protection des droits d'auteur et à la propriété industrielle, des conventions de droit international privé, que cet État a conclus avec les autres États, membres de la Société des nations; le refus aux nationaux de l'État contrevenant de l'accès des tribunaux dans les pays associés; le refus, dans ces divers pays, de l'exequateur aux sentences rendues par ces tribunaux, dans l'interêt de ses ressortissants; la saisie et la mise sous séquestre des biens meubles et immeubles appartenant, dans les mêmes pays, à ses nationaux; l'interdiction des relations commerciales et même, le cas écheant, de toute convention d'interêt privé avec les sujets des États faisant partie de la "Société des Nations". Le tout, sans préjudice des sanctions pénales qui pourront frapper, par application des règles ordinaires de la compétence-criminelle, l'individu dont les attentats ou les agissements auront compromis le maintien de la paix, et les mesures subsidiaires que la "Société des Nations" sera amenée à prendre pour assurer une répression, au cas où le gouvernement du pays auquel ressortit le coupable ne l'assurerait pas lui-même.

3. *Sanctions économiques.* D'autres sanctions d'ordre économique pourront être mises à la disposition de "la Société des Nations"; elles lui donneront le moyen d'exercer, par des mesures diverses, pouvant aller jusqu'à une mise en interdit total, sous le rapport commercial, industriel ou financier, une contrainte efficace sur l'État qui aura méconnu le pacte social.

Ces mesures sont notamment: le blocus, consistant à mettre obstacle par la force à tout relation commerciale avec le territoire de cet État; l'embargo, c'est à dire, la saisie et la mise sous séquestre provisoire, dans les ports et dans les eaux territoriales des États associés, des navires et des cargaisons appartenant à l'État coupable et à ses nationaux, ainsi que la saisie de toute les marchandises à destination de cet État; le refus des matières premières et des denrées alimentaires indispensables à sa vie économique; l'interdiction d'émettre des emprunts publics sur les territoires des nations associées, le refus de l'admission à la cote ou marché officiél pour les valeurs émises en dehors, et même le retrait de l'admission antérieurement accordée. Les sanctions ainsi prévues seront d'autant plus efficaces et d'autant plus promptes dans leur application, que les États associés se seront préalablement entendus pour s'assurer, par une organisation économique propre à faciliter leur entr'aide, contre toutes répressions à leur détriment.

Ce simple tableau montre que la Société des Nations ne sera pas désarmée, lorsqu'il s'agira de faire respecter ses décicions et d'imposer à ceux qui viendraient la troubler, la paix par le droit, dont le maintien sera sa raison d'être.

Le projet établit ainsi la sanction militaire:

"1: *Force internationale.* L'exécution des sanctions militaires sur terre et sur mer est confiée, soit à un effectif international, soit à une ou à plusieurs Puissances faisant partie de la "Société des Nation" et ayant reçu mandat à cet effet. L'organisme international dispose d'une force militaire fournie par les différents États adhérents et suffisants pour: 1° assurer l'exécution de ses décisions et de celles du tribunal international; 2° maîtriser, le cas échéant, les forces qui pourraient être opposées à la Société des Nations en cas de conflit armé.

"2: *Effectifs des contingents internationaux.* L'organisme international détermine l'effectif de la force internationale et fixe les contingents qui doivent être tenus à sa disposition. Chacun des États adhérents est libre de règler comme il le juge à propos, les conditions dans lesquelles sera recruté son contingent. La question de la limitation des armenents dans chacun des États adhèrents sera traitée dans un chapitre special.

"3: *Service permanent d'état-major.* Un service permanent d'État-major international est chargé de l'étude des questions militaires intéressant la Société des Nations. Chaque État désigne le ou les officiers qui le représentent suivant une proportion qui sera à déterminer. Le chef et les sous-officiers de ce service sont designés pour une période de trois ans pour l'organisme international sur une liste présentée par les États adhèrents.

"4: *Rôle du service permanent d'État-major.* Le service permanent d'État-major international est chargé, sous le contrôle de l'organisme international, de tout ce qui a trait à l'organisation des forces communes et à la conduite éventuelle des opérations militaires. Il a notamment pour mission d'inspecter les effectifs internationaux et les armements, d'accord avec les autorités militaires de chaque Etat, et de proposer les améliorations qui lui semblent nécessaires, tant dans l'organisation militaire internationale que dans la constitution, la composition et le recrutement des effectifs de chaque État. L'État-major rend compte, soit d'office, soit sur la demande de l'organisme international, du résultat de son inspection. L'instruction militaire est donnée dans chaque État adhérent conformément à des règles générales à uniformiser, autant que possible, l'armement et les moyens d'action mis en oeuvre par des troupes destinées à agir de concert. L'organisme international est en droit à tout moment d'exiger que les États adhérents apportent dans leur recrutement national toutes les modifications dont la nécessité lui est signalée par le service d'État-major.

"5: *Commandant en chef d'État-major général.* Lorsque les circonstances l'exigent, l'organisme international désigne, pour la durée de l'opération à entreprendre le commandant en chef chargé de la direction des forces internationales. Le commandant en chef, dès sa nomination, choisit son chef d'État-major général et les officiers qui doivent l'assister. Les pouvoirs du commandant en chef et son chef d'État-major général prennent fin lorsque les circonstances permettent de ne plus redouter un conflit armé, ou lorsque l'effort attendu des opérations militaires est atteint. Dans les deux cas, une décision de l'organisme international fixe la date à laquelle prennent fin les pouvoirs de commandant en chef et de l'État-major général."

Enfin le projet définit en ces termes le rôle et le fonctionnement du "conseil international":

"L'opinion publique des nations civilisées, qui déja a vu dans les conferences de la Haye un pas accompli vers la consécration et l'application des principes de droit et d'équité comme garanties de la sécurité des États et du bien-être des peuples, réclame unanimement un effort nouveau dans la même voie. Après les applications de plus en plus importantes de l'arbitrage, après la création d'un organisme judiciaire international et l'institution de procédure d'enquête et de médiation, elle considère comme indispensable l'établissement de garanties plus concrètes, afin que la paix régne par le droit organisé. La question de l'institution d'un organe international permanent chargé de réaliser les fins propres de la Société des Nations est ainsi posée. Il n'est pas question de faire de la Société des Nations un sur-État, ni même une confédération. Le respect de la Souveraineté des États, la diversité des traditions nationales, celle des conceptions politiques et juridiques, l'antinomie des systèmes administratifs, l'opposition des interêts économiques écartent l'idée d'une telle création. Mais l'opinion des peuples libres serait déçue, si la crise actuelle ne portait pas l'institution d'un organe international et une autorité suffisante au maintien de la paix. Conformément à l'exposé de principes, adopté par la Commission le 18 janvier, cet organe, constitué sous la forme d'un Conseil international, tire son autorité de l'engagement réciproque pris par chacune des nations associées d'user avec les autres de sa puissance économique, maritime et militaire contre toute nation contrevenant au pacte social.

"1: *Maintien de la paix entre les nations associées.* La mission de ce Conseil est de rechercher et d'employer tous les moyens d'empêcher les conflits nationaux. A cet effet: 1° Le Conseil international est chargé de maintenir et de développer les institutions judiciaires internationales créées à la Haye et de provoquer, au besoin, les décisions internationales de nature à les compléter; 2° Le concordat international procède, soit sur demande des parties, soit sur l'initiative d'un État tiers, au réglement amiable des différends de nature à menacer la paix entre les États associés, à défaut d'une semblable demande, il est tenu de prendre l'initiative de ce réglement; 3° Il procède d'abord, soit par voie de bons offices et de médiation précédée, s'il y a lieu, d'une enquête dans les termes de la convention de la Haye de 1907, soit en rappelant aux Étàts en litige que la cour permanente leur est ouverte; 4⁰ S'il n'aboutit pas ainsi à un règlement amiable, le Conseil international recherche si l'affaire est d'ordre juridique, et, dans ce cas, il prononce que les États litigeants doivent soumettre leur différend à la juridiction internationale qui en connaîtra conformément au titre IV de la Convention I de la Haye; à défaut d'établissement du compromis par l'accord des parties, la Cour de la Haye est compétente pour le rédiger par extension de l'article 53 de la dite convention. 5⁰ Le Conseil international assure l'exécution des sentences de la juridiction internationale en provoquant, s'il y a lieu, l'application de sanctions diplomatiques juridiques, économiques et militaires; 6⁰ Dans le cas où le Conseil international estime que l'affaire n'est pas de nature à être définitivement réglée par une décision judiciaire, il en demeure directement saisi. Il en tente d'abord le réglement amiable, et, au cas où il n'y pourrait parvenir, usant de son pouvoir propre, il formule les termes dans lesquels le conflit doit être réglé pour assurer le respect des droits de chaque État et le maintien de la paix. Cette décision est notifiée aux États, en cause. Il leur est fait connaître qu'à partir de cette date, le conflit n'existe plus entre les États contestant, mais entre l'ensemble des États associés et celui, qui, en se refusant à accepter cette décision, viole le principe même de l'acte d'association. Si, après une mise en demeure, l'État en cause se refuse à accepter la decision prise, le Conseil international lui notifie les mesures coercitives d'ordre diplomatique, juridique, économique ou militaire, qui, dans un délai déterminé, seront prises contre lui.

"2: *Défense contre les attaques venant d'États non associés.* Si un État qui n'a pas adhéré à la Société des Nations prétend imposer, par quelques moyens que ce soit, sa volonté à l'une des nations associées, le Conseil international, après avoir épuisé les moyens de conciliation, décide les mesures à prendre et provoque la mise en action contre cet État des moyens juridiques, diplomatiques et militaires dont disposent toutes les nations associées.

"3: *Mesures de précautions à prendre contre le risque d'extensions de conflits éclatant entre des États non associés.* Lorsqu'un conflit menace d'éclater entre deux nations n'appartenant pas à la Société des Nations, le Conseil international a le devoir d'écarter tout risque d'extension pouvant intéresser les États associés, et d'employer tous les moyens en son pouvoir pour provoquer une solution pacifique.

"*Composition du Conseil international et de la délégation permanente.* Le Conseil international représentant toutes les nations adhérentes au pacte pour le règne de la paix par le droit organisé est constitué de la facon suivante: 1⁰ Chaque État associé est représenté soit par le Chef de son gouvernement, soit par un représentant de gouvernement ayant les pouvoirs nécessaires pour engager par son vote la résponsabilité de l'État; 2⁰ Le Conseil international, réuni en session plénière, a seul le pouvoir de décision dans toutes les affaires de sa competence. Il proclame la solution à donner aux contestations entre les États en litige; au cas ou l'un de ces États se refuse à accepter cette décision, il provoque l'application des sanctions par les gouvernements des États associés; 3⁰ Le Conseil international tient une session ordinaire une fois par an. Il fixe à chaque session la date de sa prochaine réunion; il fixe également le lieu de cette réunion; 4⁰ Les membres du Conseil international désigne par accord entre les membres de la Délégation permanente qui, dans l'intervalle des sessions, reçoit les communications destinées au Conseil, prépare ses travaux, conserve ses archives et, dans les cas urgents, avise les membres du Conseil et leur propose la réunion d'une session extraordinaire; 5⁰ Les membres de la Délégation permanente sont au nombre de quinze; ils sont designés pour . . . ans; leur mandat est renouvelable; 6⁰ Le Conseil international fixe les pouvoirs de sa délégation permanente; 7⁰ Le Conseil international se réunit en session extraordinaire, soit sur la proposition de la délégation permanente, comme il a été dit au paragraphe 4, soit sur la requête d'un ou de plusieurs des États associés."

Comme on le voit, ce projet élaboré par la Commission française n'est pas complet, et, en regard du pacte qui a été adopté, il semble que ce ne soit qu'une ébauche. Mais les points essentiels s'y trouvent fixés, et, sur ces points essentiels, il y des différences considérables entre la thèse française et le dit pacte.

La principale de ces différences, c'est que le Pacte se borne à retarder ou à rendre plus difficile l'éclosion d'une guerre. Le projet français vise à rendre impossible toute guerre. Le Pacte rend facultative ou à demi-facultative la procédure d'arbitrage. Le projet français la rend obligatoire. Quand on lit le projet français, on voit que, s'il est appliqué, il devient impossible de déchaîner une guerre. Quand on lit le Pacte, on voit seulement que c'est difficile. Le Pacte n'élimine pas l'hypothèse d'une guerre: le projet français l'élimine.

Autre différence. Le projet français met aux mains de la Société des nations les moyens, non seulement diplomatiques et économiques, mais militaires pour faire exécuter la décision de paix. Le Pacte n'institue aucune force militaire internationale.

D'autre part, le projet français était infiniment plus démocratique que ne l'est le Pacte. Dès que le projet de ce Pacte lui fut connu, la Commission française, dans une note en date du 8 mars 1919, marqua ainsi cette différence:

"Dans l'esprit de la Commission française, l'organe principal devait être le Conseil international. Pour affermir l'autorité de ce Conseil, la Commission proposait que chaque État y fût représenté, soit par le chef de son gouvernement, soit par un représentant de ce gouvernement. Le Conseil avait seul le pouvoir général de décider, et cela, spécialement, pour provoquer l'application des sanctions; car, était-il dit dans un rapport, par sa composition comme par la compétence de ses membres, il aura seul l'autorité qui persuadera et qui, par la puissance morale, évitera les recours à la force.

"Dans le projet de pacte, au contraire, le rôle de l'Assemblée des Délégués n'est que de second plan; il a un caractère subsidiaire.

"Dans le projet de la Commission française, la Délégation ne devait être qu'une émanation du Conseil international. On avait cherché à lui donner une composition impartiale et un rôle secondaire. Ces membres devaient être nommés par le Conseil en dehors de toute désignation par les États associés. On espérait y faire entrer ainsi de hautes personnalités que leur compétence et l'autorité par elles acquise désigneraient aux suffrages, pour ainsi dire, sans acception de nationalité. Cette Délégation devait suppléer au défaut de permanence du Conseil: elle devait en préparer les travaux en cas d'urgence, provoquer sa réunion; elle devait être toujours prête à prendre rapidement les initiatives nécessaires pour rappeler aux Puissances en conflit les voies à suivre en vue d'arriver à un réglement pacifique. Enfin, elle devait exercer les pouvoirs qui lui seraient conférés par le Conseil.

"Au contraire de cela, dans le projet de pacte, toute dépendance du Conseil exécutif par rapport à l'assemblée des délégués a disparu. Les membres du Conseil ne sont pas nommés par l'assemblée des Délégues; chacun d'eux est le représentant d'un État. Bien plus, c'est le Conseil exécutif qui, par l'importance de son rôle, est devenu l'organe essentiel.

"Or cela est grave; car, au Conseil exécutif, neuf États seulement, et non les vingt-sept ayant accés à la Conférence des préliminaires de paix, sont représentés: cinq grands États en vertu d'un droit propre, tous les autres devant se borner á se répartir quatre sièges. Ainsi, dans ce Conseil, la prépondérance des droits est assurée aux grands États. La Commission avait, au contraire, tenu à ce que, dans le corps le plus important, le Conseil international, chaque État fût représenté, et elle avait constitué la Délégation dans ce même esprit d'égalité. Elle avait estimé qu'en faisant crédit de sagesse aux gouvernements associés, on pouvait, sans trop de crainte, adopter ce régime: dans un conseil diplomatique et, théoriquement, les voix se comptent; en pratique, la nature des choses fait qu'elles se pèsent.

"En dotant le Conseil exécutif d'une composition restreinte et d'un rôle élargi, le projet de pacte a été conduit, par voie de conséquence, tant à créer un double emploi qu'à laisser subsister une lacune.

"D'une part, l'assemblée des Délégués et Conseil exécutif en matière de règlement des litiges chevauchant sur le même champ d'atributions, le second jouissant d'ailleurs de la primauté.

"D'autre part, on ne trouve pas, dans le projet de pacte, d'organe qualifié, vraiment permanent, pour parer aux dangers soudains, mettre en mouvement les procédures de règlement amaible et saisir à la fois les gouvernements et l'opinion. Le Secrétariat, simple organe administratif, n'y peut suffire. La Commission avait pensé pourvoir à ce besoin par l'institution d'une délégation permanente. Le projet de pacte présente à cet égard une lacune: le Conseil exécutif n'est pas permanent; ayant à jouer le rôle qui, normalement, devrait être celui de l'assemblée des Délégués, il n'a pu acquerir la souplesse nécessaire à un organe chargé de veiller de facon constante et de signaler le danger dès ses premières manifestations."

Quand le Pacte fut connu, ainsi que le traité, il n'y eut pas en France de mouvement ardent ni d'adhésion ni d'opposition. On était fatigué, deçu, inquiet. La guerre, si épuisante et si prolongée, avait mis le peuple français dans une sorte d'état maladif. A la crise de joie causée par la nouvelle de l'armistice avait succédé un état d' apathie chez les uns, de fébrilité chez les autres. On aurait dit qu'il n'y avait plus d'opinion publique en France. Cependant les républicains de gauche, tout en remarquant et en déplorant l'insuffisance du Pacte, étaient contents qu'il y eût une Société des nations, inscrite dans le traité et en formant comme la clef de voûte. Les conservateurs de droite, du moins les plus militants, voyaient d'un mauvais oeil cette Société des nations, encore trop démocratique à leur gré, et tâchaient de faire croire qu'elle n'était qu'un moyen détourné de frustrer la France d'une partie des fruits de sa victoire. Il y eut cependant des conservateurs intelligents, et parmi les catholiques, qui adhérèrent avec sympathie et sincérité à cette Société des nations.

Les débats de la conférence de la paix avaient été secrets. On sut pourtant que M. Léon Bourgeois, qui y avait représenté la France dans la discussion sur le Pacte, n'avait obtenir de M. Wilson qu'il prît en considération deux amendements français pour établir une force armée internationale et aussi un contrôle permanent des armements. Ce refus de M. Wilson fut une déception pour les partisans français de la Société des nations.

La petite place que le Pacte de la Société des nations tint dans les débats parlementaires sur le traité de paix avec l'Allemagne montre que ce n'était pas ou que ce n'était plus, pour l'opinion publique, la chose essentielle.

Dans ce débat, que dirent les orateurs de Droite, à la Chambre des députés, au sujet de la Société des nations? Ils n'en parlèrent pas ou ils n'en parlèrent qu'accessoirement, mais avec malveillance. Ainsi M. Maurice Barrès, dans la séance du 29 août 1919, fit un grand discours sur la politique de la France en Rhénanie, à propos du traité, mais sans dire un mot de la Société des nations. Le 4 septembre suivant, un député royaliste, M. Baudry-d'Asson, s'écria:" . . . Telle qu'elle est, la Société des nations n'est qu'une Babel judéo-maçonnique, qui contient les germes de toutes les guerres, et dans laquelle l'Allemagne aura bientôt sa place prépondérante. La véritable Société des nations existe depuis toujours: elle s'appelle la chrétienté. (*Très bien! très bien!* à *droite*). On veut édifier une humanité nouvelle, une humanité laïque, qui se passera de Dieu." Le 2 octobre, M. Jacques Piou, un des plus anciens chefs de la droite monarchiste (il est décédé depuis), dans son discours, n'eut qu'un mot sur le Pacte de la Société des nations, mais contre, et pour dire que ce Pacte peut forcer la France à consentir à un nouvel examen du traité de paix.

Le rapporteur, M. Barthou, dans son discours du 3 septembre, ne parla guère de la Société des nations que pour regretter que les deux amendements Bourgeois n'eussent pas été acceptés. A gauche, on ne fit que des réserves, non certes par hostilité contre l'idée de la Société des nations, mais au contraire parce qu'on trouvait que cette idée n'était pas suffisamment réalisée dans le Pacte. Le même jour, 3 septembre, M. Franklin-Bouillon, radical socialiste, que d'ailleurs vota contre le traité, reprocha à cette Société des nations inscrite dans le traité de ne donner à la France ni garanties financières, ni garanties politiques. Un des chefs du parti socialiste, M. Marcel Sembat, ancien ministre, dans son discours du 4 septembre, aurait voulu qu'on appuyât la Société des nations "sur les syndicats, sur les organisations ouvrières, sur la bonne volonté de tous les travailleurs du monde". M. Viviani, ancien président du Conseil et président de la Commission de la paix dont M. Barthou était rapporteur, loua le Pacte, mais dans les termes froids que voici (16 septembre): "Nous avons vu édifier sous nos yeux cette Société des nations qui, certes, s'avance bien modestement vers le monde, qui lui apporte tout de même d'inéluctables promesses, oeuvre encore défectueuse, qui, par nos mains et les mains de nos enfants, s'il nous reste encore quelque courage, pourra être demain complétée et réconfortée." Il faut noter en passant que, malgré la froideur de ce demi-éloge de la Société des nations, la Chambre vota l'affichage du discours de M. Viviani. Mais c'est un orateur de tant de talent qui, quoi qu'il dise, il soulève toujours un enthousiasme d'admiration.

C'est par l'organe du ministre des affaires étrangères M. Pichon, que le gouvernement soutint le Projet de Pacte devant la Chambre. Ce fut un éloge raisonnable et correct. M. Pichon reconnut que ce n'était-là qu'un "commencement", mais il y vit "une sorte de traité d'alliance générale entre les différentes nations dont le Pacte porte les signatures" (24 septembre). Dans la même séance. M. Clemenceau, président du Conseil, prit la parole, mais seulement pour parler de l'abstention des États-Unis par rapport à la Société des nations. Il le fit d'un ton un peu cavalier: "Si, dit-il, pendant un temps de deux mois, trois mois, ou peut-être même davantage, — je ne veux pas faire de prophétie, — la Ligue des nations ne comprend pas les États-Unis, elle ne les comprendra pas. Mais ils ne tarderont pas à en faire partie."

Telle fut, dans le débat sur le traité, l'attitude de la Chambre française à l'égard du Pacte de la Société des nations: indifférence ou hostilité à droite, scepticisme, déception, inquiétude à gauche. Le traité, qui contenait le Pacte, fut voté par la Chambre le 2 octobre 1919, par 372 voix contre 53. A l'exception de M. Franklin-Bouillon et de quelques autres députés, ces opposants étaient socialistes. Il y eut 73 abstentions: des radicaux socialistes, comme MM. Caillaux et Accambray, des socialistes modérés, comme MM. Albert Thomas, Renaudel et Varenne, des républicains teintés de nationalisme, comme MM. André Lefèvre et Maginot, quelques droitiers, comme le général de Gastelnau.

Au Sénat, la discussion fut plus courte. Le 9 octobre 1919, ce fut un grand et beau discours du rapporteur, M. Léon Bourgeois. Il rappela que la Commission instituée par M. Ribot, et que lui-même avait présidée, "avait dressé un projet de statut qui eût donné à cette institution tous les pouvoirs nécessaires à l'exercice de son autorité". Puis il montra, mais sans chaleur, les avantages du Pacte tel que la Conférence de la paix l'avait adopté. Le 11 octobre, M. d'Estournelles de Constant déclara le Pacte insuffisant, mais émit l'espoir qu'on l'améliorerait peu-à-peu. Puis, dans la même séance, M. Clemenceau fit un discours où, parlant de M. Léon Bourgeois et des hommes de la conférence de la Haye, il dit: "Je leur rends pleine justice. Mais je ne serais pas franc, si je ne disais pas qu'il m'est arrivé de les railler quelquefois. (*Sourires*). Je crois les avoir raillés amicalement (*nouveaux sourires*), utilement peut-être, laissez-moi le croire tout au moins. Mais c'est parce que je suis profondément imbu de cette idée que chercher des institutions, des cadres d'administration et de gouvernement pour les hommes, si bien que toutes ces règles puissent être établies, est une oeuvre vaine, si les hommes ne sont pas en état de les pratiquer." Il ajouta pourtant qu'il était entré de bon coeur dans la Société des nations. Cette conversion de M. Clemenceau à la Société des nations, formulée en boutade, ne parut pas très sincère ou très profonde. On sentit qu'il voulait surtout être agréable à M. Léon Bourgeois, si influent sur le Sénat, dont il deviendra plus tard le président. Il ne fut pas autrement question de la Société des nations dans ce débat. Le Sénat vota le traité à l'unanimité des 219 votants. Il y eut seulement quatre abstentions, dont celle du président, qui ne vote jamais.

* * *

Une fois la Société des nations constituée, quelle a été l'attitude de l'opinion française à l'égard de cette grande institution internationale?

Il faut remarquer d'abord qu'il s'est constitué en France des groupements de propagande en faveur de la Société des nations. Voici quelques précisions sur ces groupements.

Ils forment une "Fédération des Associations françaises pour la Société des nations", dont le siège est 3, rue Le Goff, Paris V. Le Bureau est ainsi composé:

Président général: M. Léon Bourgeois, président du Sénat, délégué permanent de la France au Conseil exécutif de la Société des nations.

Président: M. Paul Appell, recteur de l'Académie de Paris, membre de l'Académie des sciences.

Vice-présidents: MM. Aulard, professeur à la Sorbonne; d'Estournelles de Constant, sénateur; Jean Hennessy, député; Charles Richet, membre de l'Institut.

Secrétaire général: M. le professeur Charles Brun.

Secrétaires: MM. Jacques Dumas et Prudhommeaux.

Trésorier: M. H. Guimard. — Trésorière-adjointe: Mme Puech.

Neuf sociétés font partie de cette Fédération.

C'est d'abord "l'Association française pour la Société des nations", qui a pour délégués à la Fédération MM. A. Aulard, A. Keufer, Georges Risler. Cette Association, la plus considérable en ce genre de celles qui existent en France, a été fondée à Paris, au lendemain de la signature du traité de paix, par M. Léon Bourgeois et ses amis. C'est un groupement de Français instruits, pris dans tous les partis politiques, dans toutes les confessions, dans toutes les opinions philosophiques où quelques droitiers siègent à côté de nombreux républicains, l'archevêque de Paris à côté du grand rabbin ou à côté de libres penseurs marqués.

Les statuts de l'Association portent qu'elle a pour but: "1° de faire appel à l'opinion publique et d'assurer à la démocratie française la part qui doit lui revenir dans l'organisation internationale du Droit; 2° d'étudier, dans le détail, les problèmes politiques, juridiques, économiques et militaires que posent, dans les rapports de la France et des Etats étrangers, la formation et le développement de cette conception supérieure des relations internationales; 3° de collaborer avec les Associations qui, à l'étranger, ont en vue le même objet; 4° d'aider le Gouvernement à résoudre les difficultés de tout ordre que la réalisation d'une telle idée peut rencontrer."

Elle a en partie le même bureau que la Fédération, puisque son président général est M. Léon Bourgeois, (qui vient de quitter le titre pour celui du président fondateur) et son président M. Paul Appell. Ses vice-présidents sont MM. Derville, A. Keufer, E. Larnaude, de Las Cases, A. Millerand (devenu depuis président de la République). Secrétaires généraux: MM. Raiberti, Léon Robelin, Albert Thomas. Trésorier et trésorier-adjoint: MM. Rapheil-Georges Lévy, George Risler. Secrétaire: M. Prudhommeaux.

Rien ne montre mieux, dans cette Association, la diversité des personnes et l'unité des tendances que la grande manifestation qu'elle organisa à la Sorbonne le 20 janvier 1920, sous la présence du président de la République. Elle estima "qu'en présence du vaste mouvement de sympathie qui s'est dessiné au cours des derniers mois en faveur de la grande institution internationale créée par le traité de paix et qui en forme en quelque sorte la clef de voûte, il était bon de se retourner vers l'opinion publique et aussi, et davantage encore, de s'adresser à la jeunesse pour lui confier le soin de poursuivre et de mener à bien la grande et noble tâche entreprise par ses aînés". A la manifestation assistaient, dans le grand amphithéâtre de la Sorbonne, douze cents élèves des lycées et des écoles, garçons et filles, et un immense public, où on voyait les principales notabilités parisiennes. Un des journaux les plus répandus de France, le *Petit Parisien*, dit: "Ils étaient venus, tous ceux qui, par leur labeur, par leur gloire, illustrent notre pays. Ils étaient venus tous, ils étaient accourus pour assister à cette aurore d'un nouveau droit des peuples. Ils étaient réunis, les maîtres de cette Sorbonne, les partisans d'une science rationnelle comme M. Appell et M. Lucien Poincaré (alors recteur de l'Academie de Paris); les ministres des différents cultes étaient confondus; la robe violette de Mgr Roland Gosselin, représentant l'archevêque de Paris, mettait sa note éclatante entre les redingotes sombres du pasteur Roberty et du grand-rabbin Lévy; les sociologues qui croyaient à la paix universelle, comme M. Buisson et M. d'Estournelles de Constant, avaient voulu assister à cet office en même temps que le maréchal Joffre, simple et bonhomme sous son gros manteau de cavalier, et le maréchal Pétain, élégant et svelte dans sa tunique bleu horizon aux manches scintillantes. Et pour marquer la grandeur symbolique de cette leçon qui franchira peut-être les siècles, à côté du Président de la Société des Nations, du précurseur entêté de son idéal, M. Léon Bourgeois, s'étaient assis les deux présidents de la République, celui d'hier, M. Raymond Poincaré, celui de demain, M. Deschanel. Toute la France était-là". Non, toute la France n'était pas là. Mais c'était une élite qui jamais ne s'est retrouvée aussi nombreuse et aussi ardente pour célébrer la Société des nations.

Après un discours de M. Léon Bourgeois, qui fut tel qu'on l'attendait de lui, on entendit les déclarations des personnalités les plus éminentes et les plus diverses. Celle de M. Appell fit sensation, par la force de la pensée. Il dit que les progrès de la science rendent la Société des nations, non seulement possible, mais nécessaire. Possible, voici comment: "La planète se rapetisse de jour en jour; les voies de communication sont raccourcies par des canaux et des tunnels; la vitesse possible des trains et des paquebots augmente; la télégraphie permet aux informations de faire en quelques secondes le tour du globe; l'aviation ajoute la conquête de l'air à celle de la terre et de l'eau; le développement du machinisme modifie profondément les conditions du travail humain, en donnant aux plus humbles les loisirs nécessaires pour développer leur intelligence et élever leur sens moral. L'humanité prend conscience d'elle-même: le règne du droit peut s'établir entre les divers pays du monde, comme il s'est établi autrefois entre les provinces qui constituent notre France." Nécessaire, voici pourquoi: "Deux voies s'ouvrent devant l'humanité: l'établissement d'un droit nouveau ou l'anéantissement et le suicide. La guerre qui vient de se terminer a coûté dix millions de vies humaines et a détruit pour longtemps les richesses accumulées par le travail des hommes: elle laisse derrière elle un cortège de douleurs, de misères, de dépressions morales, qui mettent la civilisation en péril. Avec l'expérience maintenant acquise, les moyens de destruction progressent à pas de géant: les sous-marins, les avions de bombardement, les canons à longue portée, les mitrailleuses à tir rapide, les explosifs, les gaz asphyxiants se perfectionnent de jour en jour. Une nouvelle guerre entre les grandes nations tuerait 100 millions d'hommes, détruirait en quelques heures les plus puissantes cités, anéantirait la vie de pays entiers; elle laisserait après elle des peuples sans idéal moral, ne croyant qu'à la force et retournant à la barbarie inorganisée."

A M. Appell, homme de science, succédèrent des hommes de religion. Mgr. Amette, archevêque de Paris, fit lire une déclaration où on remarqua ceci: "L'Eglise catholique, vaste Société des nations fondée par Jésus-Christ, destinée, comme son nom l'indique, à s'étendre sur tout l'univers, avait voulu au moyen-âge réaliser cet idéal entre les peuples qui professaient sa doctrine et obéissaient à ses lois: c'était la chrétienté. De nos jours, l'unité des croyances n'existe plus dans le monde; mais il est encore des principes de morale unanimement reconnus par tous les peuples civilisés. C'est une noble et louable entreprise que de vouloir fonder sur ces principes communs un pacte qui garantisse la paix du monde et la préserve des effroyables conflits qui l'ont ensanglanté. L'Eglise ne peut que souhaiter cordialement le succès de ce dessein.". Mais l'archevêque demanda que le pape fût admis dans la Société des nations. Il le fit d'un ton modéré et circonspect, en cette phrase: "Puisque ceux qui s'appliquent à le réaliser ont voulu insister pour entendre ma voix dans cette solennelle assemblée, qu'il me soit permis d'exprimer le vœu que la future Société des Nations fasse dans son sein une place digne de lui au représentant suprême de la plus haute autorité morale qui soit au monde, de celle qui, parlant au nom de Dieu, prêche aux hommes avec le plus d'efficacité de se rendre mutuellement justice et de s'entr'aimer."

On entendit ensuite M le pasteur Roberty, un libéral, dont l'éloquence est fort goûtée à Paris. Mais il se borna presque à lire une déclaration votée par l'Assemblée générale du protestantisme français, réunie à Lyon au mois de novembre précédent, où il était dit que cette Assemblée, "désireuse de s'associer à toutes les Eglises chrétiennes qui prennent de plus en plus conscience de leur rôle de pacificatrices, au nom de leur seul chef, le Saint et le Juste, que l'Assemblée acclame plus que jamais comme le Prince de la paix; convaincue que la paix ne peut être séparée de la justice et que les plus grands criminels ne sont pas inaccessibles au repentir; sûre de l'accomplissement des promesses du Christ; attend avec confiance le jour où, dans une humanité pacifiée, les Eglises de la chrétienté tout entière seront aux premiers rangs pour soutenir la cause sainte de la Société des Nations; et invite la Fédération à rappeler chaque année, en un service solennel, le désir chrétien de travailler au développement et à la popularité de cette institution, première ébauche du royaume de Dieu sur la terre." M. Israël Lévy, grand-rabbin du Consistoire central des Israélites de France, parla de l'enthousiasme avec lequel "l'aube de cette vie nouvelle" est saluée par les disciples des prophètes d'Israël qui ont assigné à l'humanité pour but suprême le règne de la paix et de la fraternité. Mais, pour être viable, la Société des Nations devra être l'expression de la volonté réfléchie des Nations elles-mêmes. Une telle réforme de la politique internationale a pour condition essentielle une réforme *personnelle:* elle exige, avant tout, la destruction de l'idole antique, la fausse conception que l'intérêt du pays est un droit sacré, qui prime toute justice. L'Ecriture a eu raison de dire: "La paix ne peut être l'œuvre que de l'équité". La Société des Nations sera la Société des gens de bien épris d'un même idéal de sincérité et de justice pour tous. Soyons, par notre exemple comme par nos paroles, les apôtres de cette vérité: il appartient à la France d'être un fois de plus le flambeau de l'humanité."

M. Ernest Lavisse, de l'Académie française, déclara que "la guerre tuera l'humanité, si l'humanité ne tue pas la guerre". Il dit: "Il s'agit de créer des institutions qui préviennent les violations du droit, et, s'il le faut, châtient le violateur. Ici devaient nécessairement se produire des difficultés; elles se sont produites, en effet, nous ne l'avons que trop bien vu. Au texte du Pacte voté par la Conférence de la paix, le 28 avril de l'année dernière, nous préférons celui qu'avait préparé la commission présidée et dirigée par M. Léon Bourgeois et qui était précis, clair, décisif, à la française. Mais ne nous étonnons pas de cette imperfection. Comme on dit, nous revenons de loin, de très loin. Pendant des siècles, la guerre était l'état normal, au point que les peuples remerciaient leurs rois, quand ceux-ci, de temps en temps, avaient la bonté de leur laisser quelques années de répit. C'est un commencement modeste, ce pacte du 28 avril 1919; mais il permet de belles espérances. Vieil historien, je puis affirmer qu'il apporte au monde une grande nouveauté."

M. Albert Thomas, deputé socialiste, ancien ministre, directeur du Bureau international du travail dans la Société des nations, fit une déclaration très optimiste. Il dit: „Lorsque, le 16 janvier, le Conseil de la Société des Nations s'est réuni, des esprits chagrins l'ont jugé: Ce n'est là, disaient-ils, qu'une assemblée de diplomates. La Société des Nations n'est pas une Société des peuples. — A cette critique, à ce doute, la Société des Nations peut répondre par les vingt millions d'ouvriers syndiqués, par les milliers d'industriels que groupe dès aujourd'hui l'organisation permanente du travail. A ceux qui disent: La Société des Nations recule devant la représentation populaire, la Société des Nations recule devant l'institution démocratique d'un Parlement, — la Conférence générale du Travail répond par l'élection de ses membres ouvriers et patrons, par la régularité de ses sessions et par le vote de ses conventions. A ceux qui rappellent que la Société des Nations n'a point proclamé les droits des nations, qu'elle n'a pas défini les lois qui la guident, le Bureau international du Travail répond par la déclaration inscrite au frontispice de la partie XIII du traité de paix: "La Société des Nations a pour but d'établir la paix universelle. Une telle paix ne peut être fondée que sur la base de la justice sociale." Ainsi, déjà, dans cette organisation qui constitue vraiment sa section du travail, la Société des Nations s'efforce de vivre toute sa vie. Bientôt, par la volonté des peuples, elle vivra également en toutes ses sections, section financière, section économique, section intellectuelle. Et, par son effort de justice, par son œuvre de réparation, elle s'étendra rapidement à l'univers."

Aprés de généreuses paroles de M. Ferdinand Buisson, on entendit M. Raymond Poincaré, alors président de la Republique. Il dit: "Certes, on aurait pu faire mieux encore, et il n'a dépendu ni de la France, ni en particulier de M. Léon Borgeois, que la Société fût pourvue de meilleurs moyens de contrôle et d'action, qu'elle pût exercer sur les armements une surveillance effective, et qu'elle eût la force de faire elle-même prévaloir ses volontés. Il n'y aurait eu, dans ces garanties complémentaires, rien qui restreignît l'indépendance des Etats adhérents, ni qui humiliât leur dignité; il n'y aurait eu que des obligations mutuelles, librement consenties, comme il s'en trouve dans toutes les conventions humaines. Mais, à défaut même de ces clauses protectrices, dont la Société sera maîtresse de reprendre plus tard l'examen, l'organisation présente marque déjà un progrès immense dans la vie des peuples civilisés."

J'ai assisté à cette manifestation. J'ai entendu les paroles, ces applaudissements. J'ai été temoin de ces gestes d'adhésion à la Société des Nations. Ce n'était pas de l'enthousiasme, c'était de la sympathie, de la sincerité, un unanime désir de faire vivre et d'améliorer cette naissante Société des Nations.

L'Association française a tenu d'autre réunions, notamment à la fin de l'année 1921. On y entendit un remarquable discours de M. Noblemaire, député conservateur à l'esprit ouvert, qui signala les dangers du nationalisme exclusif, et parla autant en citoyen du monde qu'en citoyen français.

L'action de l'Association française est noble, mesurée, un peu académique. Elle a plus d'influence sur la bourgeoisie instruite, sur les "intellectuels", que sur les masses.

* * *

Les autres groupements qui font partie de la Fédération française ont presque tous un but un peu plus large, ç'est-à-dire qu'ils ne s'occupent pas seulement de la Société des nations, mais de tous les ordinaires objets d'activité du pacifisme.

C'est d'abord l'Association de la paix par le droit, dont nous avons déjà parlé. Elle n'a pas tout-à-fait interrompu son action pendant la guerre. Elle a continué la publication de son excellente revue, *la Paix par le Droit* (dont les bureaux sont à Nimes, 10, rue Monjardin), où le patriotisme, au milieu même de la catastrophe, a tenu un langage humain. Le président de l'Association de la paix par le droit est M. Th. Ruyssen, professeur à la Faculté des lettres de l'université de Bordeaux.

C'est un homme de grand talent et de haute autorité morale, qui a voué sa vie à la canse de la paix. Le vice-président est M. Jaques Dumas, substitut du procureur général à la cours d'appel de Paris. Le secrétaire est M. Jules Prudhommeaux, docteur ès lettres. En avril 1922, la Société française pour l'arbitrage entre nations, qui, on l'a vu, avait été fondée en 1867 sur l'initiative de Frédéric Passy, s'est fondue dans l'Association de la paix par le droit, qui se trouve ainsi l'héritière du mouvement pacifiste français commencé à la fin du second Empire.

Au lendemain de la guerre, l'Association de la paix par le droit a redoublé d'activité. Son attitude à l'égard de la Société des nations établie par le Pacte est définie dans l'appel-programme qu'elle lança en mai 1920. On y lit: "Les dirigeants de l'Entente, pour soutenir l'énergie morale des combattants, n'ont cessé d'affirmer que l'enjeu du gigantesque duel était la libération des peuples opprimés, la destruction du militarisme allemand, la fin du régime inhumain, barbare, de la conscription universelle et de la "Paix armée". Cet espoir sublime a enflammé des millions d'âmes. Les soldats eux-mêmes, immobilisés dans les tranchées, répétaient avec une conviction à la fois mystique et réfléchie: "C'est la guerre à la guerre, la guerre pour la paix". A l'arrière, comme au front toute une génération, hommes et femmes, s'est héroïquement sacrifiée pour épargner aux enfants déjà nés et à ceux de demain les maux dont elle faisait l'atroce expérience.

"Hélas! de ce rève grandiose à la réalité, quelle chute! Assurément, la "Société des Nations" a vu le jour; elle vagit sur la paille, dans l'étable d'un nouveau Bethléem. C'est un triomphe du Droit. Mais combien pâle et imparfaite est encore cette constitution! Le pacte solennel qui l'a créée n'ose pas même prononcer, au nom de l'humanité organisée, l'interdiction définitive et absolute de la guerre; il admet pour l'avenir la possibilite de conflits sanglants dont les nations civilisées resteraient les spectatrices indifférentes ou impuissantes. La Conférence de la Paix, à Paris, n'a réussi ni à imposer la solution obligatoire de tous les différends par les voies du Droit, ni à constituer une force de police internationale! Demain, presque autant qu'hier, la guerre reste possible dans un monde anarchique." Mais, si imparfaite que soit l'actuelle Société des nations, l'Association de la paix par le droit la croit viable et y retrouve son propre esprit. S'il y a de vieilles chances de guerre, il y a de nouvelles chances de paix: "Dès lors, dit l'appel-programme, la tâche n'est pas achevée à laquelle, depuis plus de trente années, l'Association de la Paix par le Droit concacre un effort obstiné. Nous roulons, en apparence, l'éternel rocher de Sisyphe. Constatation amère, et qui découragerait d'aucuns. Mais nous sommes de ceux qui ne désespèrent jamais. Aussi bien trouvons-nous, jusque dans l'aveu de notre déception, des raisons positives d'envisager l'avenir avec une confiance réfléchie. En effet, la Société des Nations est née. Si imparfaite qu'elle soit, elle répond à un besoin trop évident, à une expérience trop dramatique, elle est saluée par des vœux trop passionnés, trop généreux, trop universels, pour n'être point appelée à vivre. Or, osons le déclarer, cette Société des peuples, édifiée par d'autres mains que les nôtres, est en réalité l'œuvre des pacifistes. Si, en quelques semaines, la Conférence de la Paix a pu élever cette construction complexe et savante, c'est qu'une doctrine précise existait, déjà élaborée et suffisante pour inspirer des réalisations."

Le siège social de l'Association de la paix par le droit est à Paris V, 24 rue Pierre Curie. Elle compte, dans les départements, 24 sections. Elle a pour délégués à la Fédération MM. Jacques Dumas, D. Eyquem, F. Saupique.

* * *

A ces deux sociétés adhérentes à la Fédération française, l'Association pour la Société des nations et l'Association de la paix par le droit, il faut ajouter la "Conciliation internationale". Fondée en 1905 par M. d'Estournelles de Constant, et aujourd'hui encore présidée par lui, elle a eu au début le concours d'hommes comme Marcellin Berthelot, le baron de Courcel, M. Loubet, ancien président de la République. Elle se propose d'aider, d'encourager, les organisations parlementaires internationales et autres, de préconiser l'établissement de la paix par des concessions mutuelles entre nations. Elle a une filiale: la Conciliation internationale américaine, fondée en 1907. Son siège social est au domicile de M. d'Estournelles de Constant, 34 ter rue Molitor, Paris XVI. Elle publie un Bulletin. Ses délégués à la Fédération sont MM. d'Estournelles de Constant, Pierre Jaudon, André Weiss.

Un autre organisme adhérent, c'est le "Bureau européen de la dotation Carnégie pour la paix internationale", dont le siège central est à Paris V, 24, rue Pierre-Curie, et que préside également M. d'Estournelles de Constant. Cette section française d'une oeuvre américaine, dont on ne saurait trop vanter la générosité, tâche de réaliser en Europe le programme établi par M. Carnégie en 1911, dans les termes suivants: "La Fondation aûra pour objet de servir la cause de la paix entre les peuples, de hâter l'abolition de la guerre internationale, d'encourager et de faire progresser le réglement des conflits internationaux par des voies pacifiques, et, plus spécialement: 1) de provoquer une recherche scientifique et approfondie des causes des guerres et des méthodes pratiques de les prévenir et de les éviter; 2) d'aider au développement du droit international, de réaliser un accord général sur les règles qu'il édicte et de les faire accepter par les nations; 3) de répandre toutes les informations possibles, et de former ainsi l'opinion publique, au sujet des causes, de la nature et des effets de la guerre, comme aussi des moyens de la prévenir et de l'empêcher; 4) d'amener les hommes à une connaissance plus approfondie des droits et des devoirs internationaux et de perfectionner chez les habitants des pays civilisés le sens de la justice entre nations; 5) de cultiver les sentiments d'amitié entre habitants de contrées différentes et d'accroître, de pays à pays, la connaissance et la compréhension mutuelles; 6) de favoriser une adhésion générale aux méthodes pacifiques de régler les différends internationaux; 7) de maintenir, de faire naître et de soutenir toutes institutions, organisations, associations et entreprises qui peuvent être jugées nécessaires ou utiles pour la réalisation totale ou partielle des objets que se propose la Fondation." Ce Bureau européen de la Fondation Carnegie a libéralement aidé plusieurs oeuvres de paix en France. L'état de l'opinion publique aux États-Unis ne lui a pas permis de participer d'une manière trop directe à la propagande pour la Société des nations, mais il participe à la diffusion de l'esprit même d'où est sortie cette Société. Ses délégués à la Fédération sont MM. Prudhommeaux, Godart, de Lapradelle.

Une autre Société adhérente, et importante, c'est la "Ligue pour l'organisation de la Société des nations", qui s'appelait d'abord "Société Proudhon", avec ce sous-titre: "Société d'études et d'action fédéralistes". Elle a été fondée le 24 mai 1918, sur l'initiative de son président actuel, M. Jean Hennessy, député de la Charente, un des plus actifs partisans du "régionalisme". Cette Société voit dans l'actuelle Société des nations, si imparfaite qu'elle soit, une application du principe fédéraliste qui était à la base de la doctrine des Proudhon. Elle voudrait améliorer ou refaire cette Société en s'inspirant de ces quatre idées principales: "1. Limiter en quelque manière la souveraineté des États pour le bien général de l'humanité. — 2. Limiter cette souveraineté le moins possible et dans la mesure seulement où cette limitation apparaît comme nécessaire à cette fin. — 3. Dans chaque État composé de groupements nationaux ou autres fédérés entre eux, le droit pour ceux-ci d'être représentés à l'Assemblée législative. — 4. Tenir compte du degré d'évolution politique des peuples différents selon leur histoire, leurs moeurs, leurs connaissances scientifiques et les territoires habités par eux." La Ligue pour l'organisation de la Société des nations met aussi en relief, dans sa propagande, les points suivants: "Le groupement international, loin d'affaiblir l'idée de patrie, la fortifie et l'exalte. Internations suppose nations. Si le pacte fédéral apporte nécessairement des restrictions à la souveraineté des États, il ne doit les y apporter que pour garantir les États et leur permettre de se développer. Le fédéralisme que nous préconisons est d'essence démocratique: société de peuples, et non pas de gouvernements. Tout autre fédéralisme nous paraît un impérialisme économique ou nationaliste déguisé. La France a, plus que tout autre pays, intérêt à la réalisation de la Société des nations. Faible natalité, puissance économique secondaire, mais admirable pouvoir de rayonnement. Elle doit à sa tradition de prendre la tête du mouvement fédératif en Europe et dans le monde."

Cette Ligue a son siège social 1, rue Euler, Paris VIII. Son secrétaire général est M. le professeur Charles Brun, très éloquent apôtre du régionalisme, sur lequel il a écrit un livre remarqable. Elle a organisé des conférences, des discussions, publié des tracts et des brochures, prêté le concours de ses orateurs à toutes les manifestations pour la Société des nations. Elle a fondé en 1921, à l'Institut des Hautes Etudes internationales, établi dans la Faculté de droit de Paris, un cours sur "le fédéralisme international du point de vue historique et social", professé par M. Charles Brun, et, en 1922, au même institut, un cours sur "la Société des nations", professé par M. de Lapradelle. Ses délégués à la Fédération sont MM. Jean Hennessy, Charles Brun et Louis Sarran.

Un autre groupement qui a adhéré à la Fédération, c'est le "Comité d'études pour l'Etat-Pax", dont le secrétaire général est M. Hector Guimard. Son siège social est 7, rue Agar, Paris XVI. Son activité, comme l'indique son nom, est tout entière dirigée vers l'organisation de la paix. Ses délégués à la Fédération sont M. Guimard et MM. les députés Forgeot et Schmidt.

A aussi adhéré à la Fédération la "Section féminine pour la Société des nations". Cette section a été créée par "l'Union française pour le suffrage des femmes", en juillet 1920, après le Congrès international de Genève pour ce suffrage Elle a pour présidente d'honneur Mme Paul Appell; pour présidente, Mme de Witt Schlumberger; pour vice-présidentes, MMmes C. Brunschvicg et Malaterre Sellier; pour secrétaire générale, Mme M.-L. Puech; pour secrétaires, MMmes Prudhommeaux et Puech. Son siège social est 24 rue Pierre-Curie, Paris V. Ce groupement a publié des brochures de propagande, et surtout il a fait des conférences aux jeunes filles et aux jeunes femmes, dans des associations d'anciennes élèves, dans des unions chrétiennes, dans les foyers et des cercles. Mme Puech est allée faire trois conférences sur la Société des nations au Canada. Mme Cruppi, à l'Odéon, a fait une conférence sur Marie Lenéru, suivie d'une représentation partielle de son drame: *La Paix.* Les déléguées de la Section féminine à la Fédération sont MMmes de Witt Schlumberger, Brunschvicg et Puech.

Autre adhésion, et importante: c'est celle du "Comité français de l'Alliance universelle pour l'amitié internationale par les Eglises". Ce sont des Eglises protestantes. Sur l'initiative des Anglais et des Américains, un grand groupement religieux fut entrepris, au début du XXème siècle, en vue de "mettre les Eglises chrétiennes au service de la paix, d'employer la force religieuse à chasser la guerre de la face de la terre". Dans cette vue, les Eglises de 26 pays différents se groupèrent en "Alliance universelle", dont le président est actuellement le pasteur Nehemiah Boynton, de New-York. Il y a un Comité par nation. Le Comité français a pour président M. le pasteur Wilfred Monod; pour vice-président, M. le pasteur J. Jézéquel; pour secrétaire général, M. le pasteur Elie Gounelle. Son siège social est 11, villa Brune, Paris XIV. Le but de ce Comité français est celui de l'Alliance elle-même, à savoir "que les Eglises de tous les pays usent de l'ascendant qu'elles peuvent avoir sur les peuples, les parlements et les gouvernements pour provoquer des relations amicales et de cordiale entente entre les nations, afin que, suivant la voie de la civilisation pacifique, celles-ci parviennent à cette bonne volonté universelle que le christianisme a enseigné au monde à désirer". Ce Comité français a participé, de façon fort active, aux manifestations pour la Société des nations. Ses délégués à la Fédération sont MM. le pasteur J. Jézéquel, les professeurs E. de Faye et Charles Gide.

Enfin la dernière de ces neuf sociétés adhérentes à la Fédération, c'est le "Groupe français de la Fédération internationale maçonnique pour la Société des nations". Ce groupe rappelle que, depuis son origine, la franc-maçonnerie a eu pour idéal la fraternité universelle. "Elle a, dit-il, toujours eu en puissance dans son sein le principe de la Soctété des nations. Il suffit pour s'en convaincre de lire notre charte constitutive, où les principes d'égalité entre les hommes, de justice et de solidarité entre les peuples sont proclamés avant toute chose." En juin 1917, en pleine guerre, la franc-maçonnerie française provoqua à Paris un congrès des Maçonneries alliées et neutres, au cours duquel fut envisagée la création d'une Société des nations basée sur la droit et la justice. On trouve même, dans le compte rendu de ce congrès, tout un plan de cette Société, article par article, rédigé par M. Lebey et adopté par le congrès. Après le traité, le Groupe français de la fédération internationale maçonnique, dont le siège social est 4, rue Greffuhle, Paris VIII, lança un appel qui commençait ainsi: "Le Pacte de la Société des nations qu'ont établi les traités de paix est une oeuvre considérable, mais encore précaire et imparfaite. Il est indispensable, comme le proclame notre F. Léon Bourgeois, dans des termes inoubliables, qu'elle soit connue de tous, mais aussi complétée avec la saine compréhension des besoins des peuples, par une volonté attentive et prévoyante, dans un esprit de concorde et d'amitié." Ce Groupe maçonnique a pour délégués à la Fédération MM. Pierre Nathan-Larrier, le général Gérard, Maurice Chicurel.

* *
*

Tels sont les groupements dont se compose la Fédération des Associations françaises pour la Société des nations.

En dehors de cette Fédération, il y a quelques autres groupements. Un appel a été lancé, récemment, par une "Union populaire pour la paix universelle", associée à "Union of democratic control", fondée à Londres en novembre 1914 par des travaillistes et des radicaux. Cette société est présidée par M. Lucien Le Foyer, ancien député, et compte parmi ses dirigeants un certain nombre d'intellectuels d'extrême gauche, comme M. Barbusse et Mme Séverine. "Il faut, dit-elle dans son appel (au lieu de l'actuelle Société des nations, qui s'avoue incapable d'empêcher les guerres), il faut une véritable Société universelle ou Fédération des peuples, politique et économique. Les peuples doivent, à l'exemple des individus, s'élever à la notion de la véritable liberté. Celle-ci ne consiste pas en une fausse "indépendance" qui aboutit à des heurts sanglants. Elle consiste dans la reconnaissance de la solidarité, dans la consécration de la "souveraineté" du droit et de la loi consentie. La vraie Société des nations implique un Sur-Etat comportant les trois fonctions: législative, exécutive et judiciaire. Elle doit être créée par une Constituante mondiale émanant des peuples, et défendue par une police de la civilisation substituée aux armées nationales."

Il y a encore des groupements qui, sans avoir directement pour objet la Société des nations, en servent la cause par le fait qu'ils servent la cause de la paix. Pendant la guerre, à Marseille, il s'était fondé un "Comité de relations avec les pays neutres", sous le patronage de la Chambre de commerce de cette ville. Ce Comité, en janvier 1919, prit le nom de "Comité de relations internationales intellectuelles et économiques". Il publie un Bulletin périodique. Il a pour président M. L. Estrine, président honoraire de la Bourse de Commerce. Son siège social est au palais de la Bourse, à Marseille.

A Paris, il faut signaler, comme étant un foyer de propagande pour la Société des nations, le Collège libre des sciences sociales, qui est installè dans l'Hôtel des Sociétés savantes, 8, rue Serpente, Paris VI. Ce Collège, que M. Paul Deschanel a présidé jusqu'à la fin de sa vie, a actuellement pour président M. Jean Hennessy, député; pour vice-présidents, MM. Aulard, professeur à la Sorbonne, Georges Renard, professeur au Collège de France; abbé Lemire, député. On y professe librement les doctrines les plus diverses. Mais la Société des nations n'y a que des partisans: elle a servi de thème, dans ce Collège, à toute une série de conférences, qui ont été réunies en volume. Un autre établissement libre d'enseignement supérieur, l'Ecole internationale des hautes études sociales, dont le siège est 16, rue de la Sorbonne, Paris V, est aussi animé de l'esprit le plus favorable à la Société des nations.

Mais le plus important et le plus ardent centre d'activité pour la Société des nations, c'est la Ligue française des droits de l'homme et du citoyen, dont le siège se trouve 10, rue de l'Université, Paris VII. Elle a pour président M. Ferdinand Buisson, le plus illustre des pédagogues français existants, professeur honoraire à la Sorbonne, député de la Seine. Elle saisit toute occasion de glorifier l'idée de la Société des nations et de proposer des améliorations démocratiques au Pacte de cette Société, soit dans ses congrés, soit dans les discours que ses orateurs font dans toute la France. Ce qui rend cette action importante, peut-être la plus importante de toutes, c'est que cette Ligue, qui groupe les républicains de gauche, y compris de nombreux socialistes, et même quelques communistes, est la plus grande force politique et démocratique qu'il y ait en France. Depuis quelques mois, elle rend son action internationale. Elle s'est mise à collaborer avec une ligue pacifiste allemande, le "Bund Neues Vaterland", que préside M. von Gerlach, et ce Bund a pris pour sous-titre: "Ligue allemande des droits de l'homme". A la fin du mois de mai 1922 a eu lieu à Paris une première rencontre des Ligues des droits de l'homme de diverses nations, comme une sorte d'ébauche de congrès, et l'esprit qui a régné dans cette réunion est l'esprit même de la Société des nations.

* *
*

Quant à l'action de l'opinion française au dehors, quant à l'activité et vigeur des Associations françaises, il faut noter la participation de la Fédération française aux congrès internationaux des Associations pour la Société des nations. En 1920, ç'a été le congrès de Milan; en 1921, le congrès de Genève; en 1922, le congrès de Prague. Les délégués français y ont joué un rôle très actif, qui leur a été facilité par le fait qu'on s'y est surtout servi de la langue française. L'Union de ces Associations a un secrétaire général, et c'est un Français, M. le professeur Ruyssen, dont il a été question plus haut, qui a été élu à fonctions. Le siège de ce secrétariat est à Bruxelles, où réside maintenant M. Ruyssen, 38, rue Waterloo-Wilson. M. Ruyssen a poussé le dévouement à l'oeuvre de la Société des nations jusqu'à renoncer provisoirement à sa chaire de l'Université de Bordeaux pour se consacrer tout entier à cette oeuvre.

Il est bon de rappeler ici la participation de la France à la Société des nations elle-même. Tant au Conseil qu'à l'Assemblée, son premier délégué est M. Léon Bourgeois, l'apôtre de l'idée, celui des Français — et de tous les hommes vivants — qui a le plus contribué à la réaliser. Soit comme délégués, soit comme adjoints, il y a eu aussi des Français éminents, comme MM. Viviani, Hanotaux, Noblemaire, Jean Hennessy. M. Viviani, que nous avons vu si froid pour la Société des nations au moment de la discussion sur le traité de paix, est devenu, par une heureuse évolution, un des plus chauds partisans de cette Société. Il faut ajouter que le ministère des affaires étrangères a un Service français de la Société des nations, établi 3, rue François Ier, Paris VIII. Ce service a pour directeur M. Jean Gout, ministre plénipotentiaire. Il comprend trois sections: une section politique, dont le chef est M. Clauzel, conseiller d'ambassade; une section économique et financière, dont le chef est M. A. Siegfried; une section juridique, dont le chef est M. Pepin. Parmi leurs collaborateurs, citons M. Amé Leroy et Mlle Milliard.

C'est un Français, un socialiste, M. Albert Thomas, ancien élève de l'Ecole normale supérieure, agrégé d'histoire, que est le directeur du Bureau international du travail établi dans la Société des nations. C'est aussi un Français, M. Arthur Fontaine, directeur au ministère du travail, qui préside le conseil d'administration de ce bureau. Comme c'est en cette partie que la Société des nations est le plus réalisée, les Français sont très fiers que ce soient deux d'entre eux qui président à cette organisation.

La contribution de la France dans les dépenses du secrétariat international de la Société des nations a été, en 1921, de 3,470,009 francs, plus un crédit supplémentaire de 250,000 frcs. Pour 1922, le gouvernement demanda à la Chambre et en obtint que ce crédit fût porté à 4,000,000 fr. Mais, au Sénat, la rapporteur, M. Lucien Hubert, s'y opposa, en disant: "Votre commission estime qu'étant donnée l'importance des traitements jugés par elle véritablement exagérés, elle doit s'en tenir au crédit largement suffisant voté l'an dernier." Finalement le chiffre adopté a été de 3,470,000, et cela sans débat.

Ce n'était pas, de la part du rapporteur sénatorial, un geste d'hostilité contre la Société des nations; car, dans le même rapport, il rendait hommage à l'activité de la Société des nations et en énumérait les résultats.

Cet hommage fut rendu à la Société des nations avec beaucoup plus de chaleur, dans la Chambre des députés, par M. Noblemaire, qui fut rapporteur deux fois, en 1920 et en 1921. Ainsi, dans son premier rapport, après avoir rappelé ce qu'avait déjà fait la Société des nations, il disait: "Elle ne dispose que de force morale, et le monde n'est pas près de ne reconnaître, que cette force-là! Mais n'est-ce pas déjà magnifique qu'il l'ait parfois reconnue, ainsi qu'en témoigne le rapide tableau que nous venons d'esquisser? D'ores et déjà, de nombreux organismes internationaux ont été créés et vivent d'une vie propre, des prisonniers sont rapatriés, des malades sont secourus, les minorités de race sont protégées. Des conflits qui menacent l'Europe septentrionale, les uns sont en voie d'arrangement, les autres sont définitivement écartés. Les espérances que font naître ces premiers résultats ne doivent être ni prématurées, ni imprudentes; elles ne doivent pas dispenser des précautions les plus sévères et pour longtemps encore les plus lourdes et les plus coûteuses. Pour autant ces espérances sont rayonnantes de générosités positives et déjà grosses de réalités. L'oeuvre n'est qu'ébauchée; mais, soutenue par la confiance mesurée et patiente de l'opinion universelle, consciente aussi bien de la grandeur incomparable que des immenses difficultés de l'entreprise, résolue très évidemment (et il faudra y veiller!) à se renfermer strictement dans le domaine délimité par le Pacte, la Société des nations a déjà suffisamment assuré ses premiers pas pour que sa marche puisse et doive se poursuivre désormais, sans craintes sinon sans heurts, dans l'âpre voie du maintien de la paix par le droit."

Dans les deux Chambres françaises, en 1920 et en 1921, les débats sur les articles du budget relatifs aux dépenses pour la Société des nations furent très calmes, presque insignifiants, sans passion ni pour ni contre. On vota les crédits sans discuter le principe, et comme si la chose allait de soi.

* *
*

Pour donner une idée de l'opinion publique en France par rapport à la Société des nations, soit dans le passé, soit dans le présent, j'ai surtout cité des faits, en évitant autant que possible les généralisations, les hypothèses, même les commentaires personnels.

Il est fort difficile, quand il s'agit d'une nation vaste et peuplée, de caractérisér l'opinion publique, qui parfois, même quand la nation est très cultivée intellectuellement, ou subit une éclipse, ou même n'existe pas.

Ce qu'on peut dire, c'est que l'idée de la Société des nations a toujours été une idée française, bien qu'elle soit aussi une idée anglo-saxonne, surtout américaine. Elle a été, elle est l'idée d'une élite, dont il est impossible d'indiquer sans fantaisie le rapport numérique avec la masse du peuple, mais dont la force et le recrutement vont s'accroissant. Il y a beaucoup plus de partisans de la Société des nations, parmi les Français, en 1922, qu'il n'y en avait en 1914, avant la guerre.

C'est dans les milieux de gauche, parmi les républicains les plus démocrates, que la Société des nations est surtout en faveur. Il est sûr que si, aux prochaines élections générales, les républicains de gauche, battus en 1919, reconquièrent la majorité, le mouvement français en faveur de la Société des nations deviendra beaucoup plus fort, et ce sera pour cette Société une nouvelle chance de vie et de développement. Or, divers indices font prévoir ce retour de fortune pour les républicains de gauche, et en particulier pour les radicaux socialistes. Plus la France ira vers la démocratie avancée, plus elle ira vers la Société des nations.

Mais, dans les partis de gauche, les chefs sont plus partisans de la Société des nations que ne le sont les masses, lesquelles, si elles voient bien ce que cette Société ne fait pas, ignorent ce qu'elle fait, ou ne peuvent parvenir à s'y interesser.

Dans le parti socialiste, les chefs, les orateurs sont pour la Société des nations considérée comme améliorable. Les masses considèrent la dite Société comme une idéologie bourgeoise, tandis que des hommes comme MM. Renaudel, Paul Boncour, Marcel Sembat parlent ou écrivent en faveur de la Société des nations.

Il en est un peu de même dans les milieux syndicalistes. Si M. Jouhaux est un fervent de la Société des nations, les ouvriers n'en parlent guère, n'y pensent guère, ou ne la croient pas viable.

Dans le parti communiste, chefs et adhérents, tout le monde est contre la Société des nations, selon le mot d'ordre venu de Moscou. Ils y voient et y dénoncent un hypocrite camouflage de la société capitaliste et bourgeoise.

C'est dans les partis de droite que la Société des nations est le moins en honneur. Le plus extrême des journaux conservateurs la dénonce, non seulement comme impuissante, mais comme dangereuse: c'est un des thèmes ordinaires de *l'Action française*, organe bruyant de la petite minorité néo-royaliste. En termes plus mesurés, les autres journaux conservateurs expriment la même défiance.

La Société des nations est surtout soutenue par la presse radicale socialiste, qui n'a que deux organes à Paris, et peu lus, mais qui dans les départements est fort importante. Tous les journaux de gauche des grandes villes autres que Paris marchent pour la Société des nations, notamment le *Progrès* de Lyon, le *Petit Provençal* de Marseille, la *Dépêche* de Toulouse, la *France du Sud-Ouest* de Bordeaux, le *Populaire* de Nantes. Or, ce sont ces journaux qui, dans les départements, influeront le plus sur l'opinion aux élections législatives de 1924.

J'ai déjà dit qu'il y avait des hommes de droite, surtout parmi les catholiques, qui s'étaient ralliés à la Société des nations et qui se sont réunis à M. Léon Bourgeois dans l'Association française. Mais je ne vois aucun journal de droite qui soutienne la Société des nations. Cependant il y a un catholique qui met au service de la Société des nations le plus ardent et le plus éloquent enthousiasme: c'est M. Marc Sangnier, qui fut naguère le chef de ce mouvement dit du "Sillon", lequel a fait du bruit. M. Marc Sangnier, orateur enflammé et de grand talent, a donc mis au service de la Société des nations son christianisme républicain et social, sa parole qui plaît tant aux masses et aussi aux personnes instruites, son journal, bi-mensuel, *la Démocratie.* M. Marc Sangnier a surtout de l'action sur la jeunesse.

Ce qui a refroidi l'enthousiasme que le geste du président Wilson avait déchainé, quand il proclama pour la première fois, en pleine guerre, la Société des nations, c'est la désillusion qu'a causée le Pacte même qu'il apporta et qu'il fit voter. On fut étonné de voir que ce Pacte n'accordait pas à la Société des nations les organes indispensables à l'exécution de ses décisions. On fut étonné de voir cette Société organisée si peu démocratiquement par le démocrate Wilson. Mais ce qui rendit la désillusion cruelle et déconcertante pour les Français, c'est quand ils virent que les Américains désavouaient leur président, et qu'ils refusaient d'entrer dans la Société des nations. On crut d'abord, en France, que ce refus n'était que provisoire. Quand on le vit ce prolonger, quand on vit que les Américains se tenaient obstinément à l'écart de la Société des nations, ce fut un dur mécompte, qui engendra le scepticisme, la froideur, l'inquiétude. Je crois que si un jour les États-Unis, changeant d'idée, adhérent enfin à la Société des nations, tous les Français se mettront ou se remettront à croire en cette Société, et à y croire avec enthousiasme.

Il faut dire pourtant que la convocation de la conférence de Gênes a donné à beaucoup de Français une sympathie nouvelle pour la Société des nations. Les Français les plus nationalistes aiment encore mieux la Société des nations qu'une conférence mondiale où tout, y compris le sort de la France, est livré au hasard de l'improvisation. On a été content d'apprendre, que l'exécution de plusieurs voeux de la Conférence de Gênes avait été confiée à la Société des nations.

Cette Société, même ceux qui en France en sont le plus partisans ne croient à son avenir que si elle est fortifiée, améliorée, élargie.

Cet élargissement consisterait surtout à donner à la Société des nations une base européenne totale en y admettant bientôt l'Allemagne et plus tard, quand elle serait devenue sociable, la Russie.

Il faut aux Français un grand effort de raison pour qu'ils se décident à admettre dans la Société des nations cette Allemagne qui leur a déclaré la guerre sur un mensonge et qui a ruiné dix de leurs plus beaux départements, en tuant ou mutilant la moitié de la jeunesse française. M. Viviani s'est fait l'interprète de cette douleur et de ce ressentiment en déclarant à Genève, dans une séance de l'Assemblée de la Société des nations, en 1921, que l'heure n'était pas encore venue d'y admettre l'Allemagne. M. Noblemaire lui-même, dont l'esprit est si ouvert, avait paru retarder indéfiniment l'heure de l'entrée de l'Allemagne, quand il avait dit dans son premier rapport, en 1920: "La grande question est celle de nos ennemis d'hier, qui doivent entrer un jour dans la Société des nations, — puisque, avec la Société même, l'idée dont elle est née ne sera complète que ce jour-là —, mais qui n'y devraient entrer que lorsqu'ils auront justifié de leur entière bonne foi et rempli leurs engagements, particulièrement en ce qui concerne le désarmement et les réparations, lorsque par suite ils n'apporteront point avec eux un danger pour les fondements de la paix, et donc pour la Société des nations elle-même." Mais, dans son second rapport, en 1921, M. Noblemaire parut rapprocher la date de l'admission, quand il y dit de l'Allemagne: "C'est bien simple: elle n'a qu'à mériter son admission par le respect de sa propre signature et l'exécution des clauses du traité."

A Genève, au congrès international des Associations pour la Société des nations, les Français eurent une attitude très méritoire à l'égard de l'Allemagne, quand la délégation italienne proposa qu'un voeu fût émis en faveur de l'admission. J'ai eu l'honneur de présider la Commission où ce voeu fut discuté, et il ne s'y produisit aucune objection française. C'est à l'unanimité que, dans la séance plénière du congrès fut votée cette résolution, qu'une plume française avait libellée: "Dans l'intérêt de la paix véritable et de la coopération des peuples, l'Assemblée plénière émet le voeu que l'Allemagne soit admise le plus tôt possible dans la Société des nations, conformément aux dispositions de l'article 1er du Pacte." Au congrès de Prague, la délégation française prit l'initiative de faire voter le renouvellement de ce voeux.

Cette idée, que l'Allemagne doit être le plus tôt possible admise dans la Société des nations, se répand de plus en plus parmi les Français instruits, encore que la grande presse parisienne ne la soutienne pas. La conférence de Gênes a été aussi une leçon de choses dans ce sens-là: beaucoup de Français se disent que, si l'Allemagne avait fait partie de la Société des nations, c'est cette Société qui aurait eu à discuter les questions que la conférence de Gênes n'a pas su résoudre.

Oui, depuis Gênes, on comprend mieux en France l'importance et l'utilité de la Société des nations.

www.ingramcontent.com/pod-product-compliance
Ingram Content Group UK Ltd.
Pitfield, Milton Keynes, MK11 3LW, UK
UKHW022147170726
13837UKWH00004B/1842

9 782329 180922